Pub Fiction

Nicolas RIOU

Pub Fiction

Deuxième édition

**Éditions
d'Organisation**

Éditions d'Organisation
1, rue Thénard
75240 Paris Cedex 05
www.editions-organisation.com

Du même auteur,

Comment j'ai foiré ma start-up, 2001.

Chez le même éditeur,

Catherine BECKER : *Du Ricard dans mon Coca,* 2002.

Brice MOULIN : *Sport, fric et strass,* 2002.

ISBN : 978-2-708-12804-0

Sommaire

Sommaire

VII

« Shaw disait que l'homme raisonnable était celui qui savait qu'il fallait s'adapter au monde alors que l'homme déraisonnable pensait que le monde devait s'adapter à lui, ce qui faisait que le monde appartenait toujours à l'homme déraisonnable.

Et ce qui vaut pour l'homme vaut pour la publicité. »

PHILIPPE MICHEL

Quelques mots
sur cette nouvelle
édition

Depuis la première édition de ce livre, il y a déjà quelques années, de nombreux événements majeurs ont bousculé le paysage socio-culturel : naissance et éclatement de la bulle internet*, conséquences du 11 septembre, développement de nouvelles inquiètudes (environnement, alimentation)… La culture médiatique s'est renouvelée. Certaines expressions ont disparu du paysage (songez aux si prometteuses autoroutes de l'information !), d'autres sont nées : TV Réalité, anti-mondialisation…

En effet, les marques, longtemps toutes puissantes, auto-érigées en modèles, sont désormais sous le coup de la critique. On leur reproche d'imprégner la vie des jeunes, à travers une publicité omniprésente, d'homogénéiser la culture en façonnant les imaginaires dominants. La critique porte sur le fait que, devenues de véritables symboles culturels, les marques ont accumulées trop de pouvoir et font de moins en moins d'efforts sur le plan social (maintien du travail des enfants, délocalisations…). Elles aboutiraient à construire un monde globalisé, mais où la seule loi est celle du plus fort.

Alors ? Place aux « méga-marques » mondiales, qui déroulent sur nous, pauvres citoyens-consommateurs, leur science du marketing à l'efficacité éprouvée ? Pas si simple. Les grands modèles marketing

---

* Voir : *Comment j'ai foiré ma start-up,* du même auteur.

souffrent. Ancrés dans leurs convictions, convaincus de leur supériorité, ils n'ont pas su évoluer, s'adapter aux nouvelles règles du jeu. PROCTER & GAMBLE est challengé sur ses marchés, COCA effectue une virage à 180 degrés en abandonnant le dogmatique tout mondialisé (un seul film dans le monde entier) pour se rapprocher des sensibilités des consommateurs locaux, le succès même de NIKE le banalise et l'expose aux critiques... Il faut apprendre à réinventer la communication, à s'éloigner des méthodes de persuasion qui ont longtemps été la bible des hommes de communication afin de construire une nouvelle relation avec les consommateurs.

C'est la fin des certitudes. Il n'y a plus de recette gagnante à tous les coups.

La grande mutation qui a totalement renouvelé les codes publicitaires de nombreuses marques dans les années quatre-vingt-dix poursuit son cours. Les thèses principales qui m'ont conduit à écrire *Pub Fiction* en 1998 restent d'actualité. Elles ont même connu depuis un certain effet d'accélérateur. La publicité des marques « cultes » des jeunes semble avoir définitivement abandonné les vieux schémas. Elle privilégie la séduction sur la persuasion, la prise à contre-pied des codes publicitaires traditionnels, le jeu avec la culture médiatique du consommateur, les valeurs de spectacle. Le discours produit au premier degré est absent ou distancié.

Les nouveaux codes de communication sont ancrés dans la culture médiatique, qui accroît sa domination dans le paysage culturel des jeunes, au point de devenir un nouveau ciment social. Selon un sondage SOFRES, 94 % des jeunes de 15 à 24 ans ont regardé *Loft Story,* souvent en groupe ou en famille. Et 85 % d'entre eux déclarent discuter de l'émission avec des amis. La télé-réalité, c'est aussi la télé-conversation. Celle qui dépasse l'émission proprement dite pour créer une dynamique. Et si le vrai événement du Loft, n'était pas le Loft lui-même mais les polémiques, les conversation qui ont accompagné, lors de son lancement, cette nouvelle forme de télévision ?

La culture médiatique crée l'événement. Elle est au centre et les marques gravitent dans sa périphérie.

On n'a jamais été aussi assailli par les signes, les messages, les informations diverses à caractère marchand ou non marchand. Notre culture est rythmée par les lancements internationaux de films événements (*Star Wars*, *Le Seigneur des anneaux*…), de grands moments sportifs (Coupe du monde de football…)… La publicité n'est plus seulement confrontée aux campagnes de ses concurrents. Il faut désormais émerger dans un paysage saturé de signes. Dans une logique globale de spectacle, la concurrence publicitaire, ce n'est pas le film de la marque voisine, c'est *Loft Story* ou le Journal télévisé.

On ne s'adresse plus à un consommateur, on s'adresse à un téléspectateur.

Dans ce contexte, les marques doivent apprendre à se faire remarquer. À créer ou participer aux fameuses « dynamiques médiatiques ». Il ne s'agit plus de développer une campagne, il s'agit d'exploiter au mieux les passerelles entre les différents domaines de la culture médiatique. De jouer à fond sur le principe de circularité entre les différents médias. Le lancement du film *Matrix* a montré les avantages de cette méthode. Le succès du film a été amplifié par les emprunts à l'esthétique des jeux vidéos (sur l'affiche du film, l'héroïne ressemble à s'y méprendre à Lara Croft), à l'utilisation des groupes cultes du moment (Propellerheads, Prodigy…). Le relais de l'événement par les grandes marques n'a pas nui à sa réussite, mais à au contraire renforcé le *buzz*, le bouche à oreille autour du lancement. Le lancement par NOKIA du 71 10, « le téléphone de Matrix », a été particulièrement bien géré. *Matrix* a marqué une étape. Aujourd'hui, le phénomène s'est banalisé. Le lancement des différents épisodes de *Star Wars* fait l'objet d'une mécanique marketing extrêmement sophistiquée. NOKIA, qui a décidément bien compris ces nouvelles logiques, surfe sur l'événement et en profite pour lancer un téléphone « Star Wars ».

Le lancement savamment orchestré du « Projet Blair Witch » sur internet a montré la puissance des relais, du bouche à oreille, du viral. On mesure désormais le succès d'un événement médiatique à sa visibilité sur internet (sites dédiés, pages personnelles, présence dans les forums, les chats…), aux produits dérivés et opérations marketing qu'il suscite, à la visibilité du *making off* sponsorisé par ORANGE, du clip de la bande originale sur MTV…

La encore, l'essentiel est de créer une dynamique, de participer au spectacle global, d'alimenter les conversations dans les cours de récré, les cafétérias.

Publicité, cinéma, clips, sport, méga-marques, web, jeux vidéos… s'organisent en une logique globale d'*entertainment*. Les grandes marques qui rythment la vie des jeunes se réinventent pour faire face à ces nouvelles règles du jeu. Leur communication n'obéit plus aux mêmes schémas. Bien entendu, elle vise toujours à créer de la préférence, ou à changer la perception des consommateurs sur un sujet précis, mais les moyens mis en œuvre évoluent. Les méthodes traditionnelles de persuasion ne fonctionnent plus. Il s'agit désormais d'apporter sa contribution au spectacle médiatique, pour espérer grappiller quelques secondes d'attention de la part des publics ciblés. Le succès mondial de la campagne *Wazzup* pour la bière BUDWEISER l'a bien montré. Une bonne campagne ne se suffit pas à elle-même. Il faut savoir orchestrer ses déclinaisons. L'expression est rapidement devenue incontournable dans les cours des lycées, avant d'être reprise à la télévision, sur internet... Il en est allé de même pour la campagne de LEVI'S utilisant la marionnette Flat Éric. Musique de la publicité au top des hit-parades, marionnette Flat Éric vendue dans les stations service et les supermarchés... Le succès de Flat Éric est devenu un phénomène global... au service de la marque. C'est ce nouveau Graal que recherchent désormais tous les créatifs des meilleures agences mondiales.

L'objectif de cette nouvelle édition, entièrement réactualisée et augmentée, est de comprendre quels sont les nouveaux codes de communication inventés par les marques pour se positionner dans ce nouvel environnement. J'espère que le lecteur partagera le plaisir que j'ai eu à travailler de nouveau sur ces sujets.

Introduction

La scène se passe en plein Far West, à Little Rock en 1873. Sur fond musical du type *Il était une fois dans l'Ouest*, un jeune cow-boy enfile un jean.

Il est beau, et tout en lui respire la sympathie. Il salue tendrement sa compagne qui tient son enfant dans ses bras et attache sa ceinture colt avant de s'en aller.

On aperçoit alors un autre homme qui lui aussi sort de sa chambre, sans un geste ni une attention pour la femme qui est étendue sur le lit. Ils sont tous deux laids et vulgaires. Elle est outrageusement maquillée. Il crache par terre, boit une rasade de whisky, frappe un chien et rejoint la grand-rue du village western.

Pendant ce temps, le jeune homme aide une vieille dame à traverser, et rejoint à son tour la rue centrale. On comprend alors qu'un duel va opposer ces deux personnages si différents.

Ils se retrouvent face à face. Tout contraste en eux : leurs attitudes, leurs vêtements, leur physique... La main du jeune homme se rapproche de son colt et l'on distingue le logo DIESEL sur son jean. Les deux hommes dégainent et tirent.

Contre toute attente, le jeune homme s'effondre. Le rustre lance un rire tonitruant et s'en retourne à ses activités, laissant sur place le corps sans vie de son jeune rival.

La signature du film apparaît : « DIESEL, for successfull living. »

La publicité a changé

Ce film, qui a obtenu le Grand Prix du Festival publicitaire de Cannes en 1998, a marqué une rupture. Normal, il prend à revers tous les codes établis de la publicité, toutes les règles enseignées dans les écoles de commerce et appliquées chez les lessiviers.

Il commence de façon assez traditionnelle : le jeune héros est beau et séduisant, il porte des jeans DIESEL et va facilement venir à bout de la brute.

Mais au moment du dénouement, la marque change le scénario. Elle nous emmène là où on ne l'attend pas : le jeune homme se fait abattre.

DIESEL ne fait rien d'autre que prendre à contre-pied les modèles publicitaires traditionnels. Plutôt qu'un scénario attendu et déjà vu, la marque cherche à surprendre. Elle dévalorise son propre produit plutôt que d'en faire l'apologie. Au lieu de proposer une image idéalisée de son utilisateur (souvenons-nous des héros sexy et attirants de nombreuses pubs traditionnelles), elle le ridiculise, et met en scène le triomphe du mal sur le bien. Enfin, elle emprunte les codes du « western spaghetti » et les utilise à sa façon.

Pour surprenant qu'il soit, ce scénario n'est pas arrivé par hasard. Il est au contraire le résultat d'une nouvelle mécanique publicitaire. L'ancienne fonctionnait sur le registre du premier degré. Celle-ci est plus connivente. Son succès repose sur le partage de références culturelles communes (ici le clin d'œil caricatural à l'univers du western), et sur l'inversion systématique des codes de communication.

La marque joue avec ses consommateurs : elle sait qu'ils connaissent désormais par cœur les vieilles ficelles de la pub. Elle décide de le leur faire savoir afin de se rapprocher d'eux, de leur prouver qu'elle est bien sur leur longueur d'ondes. Elle utilise donc une scène publicitaire traditionnelle, ayant pour cadre un western.

Mais elle va plus loin et détourne la scène. Ce qui aurait dû arriver dans une pub classique n'a pas lieu. C'est tout le contraire qui se produit : le héros aux jeans DIESEL se fait « descendre ». La brute triomphe. Le film prend le contre-pied des « bonnes vieilles pubs » auxquelles nous sommes habitués, et en profite pour développer un humour ironique. Pour montrer qu'elle sait prendre ses distances avec son produit. Le film est parfaitement représentatif du ton

© Éditions d'Organisation

Introduction

DIESEL, adopté depuis quelques années. La marque a construit son succès publicitaire sur le principe du kitsch. Elle a mis en avant les situations les plus ringardes, les images publicitaires les plus usées, pour vendre ses produits. Parce qu'elle savait que ses consommateurs comprendraient qu'elle le faisait délibérément. Que tout cela était donc fort bien vu et très branché.

Nombreuses sont les marques qui font évoluer leurs campagnes vers des horizons nouveaux et repoussent sans cesse les limites de la créativité. On peut même affirmer sans risque que la plupart des marques cultes des jeunes ont dérogé aux modèles publicitaires traditionnels et ne cessent de nous surprendre. Ces marques s'appellent CALVIN KLEIN, NIKE, PEPSI, BUDWEISER, COCA-COLA, LEVI'S…

Elles ont définitivement coupé les ponts avec la pub des années quatre-vingt et n'hésitent pas à changer l'essentiel : le mode de la relation qu'elles entretiennent avec le consommateur.

Avant la fin des années quatre-vingt-dix, la publicité pouvait se résumer à deux mécaniques publicitaires, points de passage obligés des grandes marques :

- La « *conviction-persuasion* » : mon produit est le meilleur et je le prouve. Mon yaourt est bon car il contient des extraits de fraises bio, mangez-en ! Cette mécanique était centrée sur une caractéristique produit servant de point de différenciation avec les autres marques. On cherchait ensuite à convaincre le consommateur de la supériorité que représentait cet avantage produit.

- La « *projection-identification* » : associer le produit à une image stéréotypale. Cette mécanique a notamment alimenté les nombreuses campagnes *lifestyle*, qui ont longtemps été le mode exclusif de communication des marques de barres chocolatées et de *soft drinks* : le produit est utilisé par un groupe de jeunes, beaux, rayonnant de santé, vu en train de pratiquer une activité (sportive de préférence) à la mode. Consciemment ou inconsciemment, on a envie de ressembler à ces jeunes, et donc de consommer le produit.

Ces vieilles ficelles ont fait leur temps !

De nouveaux modes de communication apparaissent, privilégiant la séduction, la prise à contre-pied des modèles traditionnels, le divertissement. La marque cesse d'être le faire-valoir de ses produits, elle se transforme en véritable spectacle publicitaire, privilégiant les mécaniques suivantes :

- *Fragmentation des campagnes en multiples films sans homogénéité ni relation les uns avec les autres.* Où est passé le fameux cow-boy qui fait le succès de MARLBORO en se déclinant dans toutes les situations possibles pendant plus de trente ans ? Aujourd'hui on est entré dans l'ère du zapping : pour les marques « ados » les films doivent se renouveler aussi vite que les programmes de MTV, c'est-à-dire tous les six-huit mois. Pour maintenir intacte sa capacité de séduction, COCA-COLA fait tourner environ dix-sept films chaque année, contre un seul et unique *Coke is it* en 1986.

- *Le produit n'est plus forcément le héros.* Les marques s'en éloignent sans regret. Que dire de vraiment nouveau sur une bière qui ne présente aucune spécificité, ou sur une marque de jean ? L'innovation fait que les avantages produit sont rapidement rattrapés. Les campagnes doivent divertir, et non pas répéter sans cesse le même message à des consommateurs blasés.

  Alors les marques semblent prises d'une frénésie pour le moins paradoxale : elles se désintéressent de leur propre produit et construisent une histoire dont le seul objectif est de divertir le consommateur, d'être dans l'air du temps. BUDWEISER s'est fait une spécialité de ce type de message aux États-Unis. La célèbre campagne *What's up* (Wazza pour les intimes) est là pour en témoigner.

- *Les marques ont compris que les consommateurs sont habitués aux médias.* Ce constat sonne le glas des modèles premier degré dans lesquels les consommateurs se projetaient volontiers jusqu'à la fin des années quatre-vingt-dix. Qu'il était facile de montrer un jeune sportif, au-corps-d'athlète-mais-intellectuel-quand-même, ou une jeune femme qui, libérée des tabous d'avant 68, osait en vêtements RODIER affronter la vie en face et être soi-même, en faisant fi des conventions.

  Désormais les marques doivent faire évoluer leur discours vers plus de connivence. Il leur faut convaincre, mais en utilisant des chemins détournés.

4

Introduction

Lourde tâche pour les créatifs ! Comme le montre le succès de la campagne DIESEL, c'est en changeant de ton, en n'hésitant pas à prendre le produit en dérision ou encore en multipliant les références à des émissions TV connues ou des magazines, que la marque va s'installer dans l'air du temps. Elle prouvera ainsi qu'elle ne se prend pas au sérieux, qu'elle sait être jeune… bref, séduire. À cet égard, le secteur du luxe a fait sa révolution culturelle : aux vieux schémas d'identification dans les images traditionnelles du luxe (statut, savoir-faire, évasion, tradition, qualité…) ont succédé de nouveaux codes beaucoup plus transgressifs. Le porno chic a fait son apparition, suivi par des codes moins polémiques (les critiques sur l'exploitation de l'image de la femme étant passées par là) mais tout aussi efficaces. Il s'agit de prendre en compte le fait que le consommateur connaît désormais par cœur les codes traditionnels du luxe, pour proposer un registre plus transgressif, présentant des images décalées. Et de s'inscrire dans la modernité par un traité très proche de l'univers de la mode.

- *Nombre de marques profitent du vide idéologique pour donner leur point de vue sur la vie et le rôle de l'individu dans la société.* Les grands modèles de pensée sont désaffectés. Les médias parlent sans cesse de perte des repères, de quête de sens. Les publicitaires développent la fâcheuse tendance à se prendre pour les nouveaux gourous de leur époque, et, à l'instar de NIKE et de son fameux « Just do it » commencent à nous donner des leçons de vie.

- *De nombreuses campagnes n'hésitent plus à mélanger les contraires.* Elles s'affranchissent des vieilles frontières dressées par la morale des générations antérieures. Elles font voler en éclats les distinctions traditionnelles : entre le bien et le mal, l'élitaire et le populaire, le masculin et le féminin…
Au contraire, elles juxtaposent des films qui n'ont aucun lien apparent les uns avec les autres. Ou, comme AXE et CALVIN KLEIN, elles érodent les différences entre les sexes et les races. Elles mélangent les décennies, conjuguent modernité et nostalgie, piochant sans complexe dans l'immense répertoire d'idées et de personnalités que leur fournissent les années passées.

Bien entendu, ces nouvelles tendances restent des tendances ! Et sur certains segments, des publicités plus classiques continuent de faire recette. Pourtant, quasiment toutes les grandes marques qui parviennent à séduire les jeunes construisent leur succès sur un nouveau discours publicitaire. Et cela fait des envieux : leurs aînées se mettent à les imiter.

Ces nouveaux développements de la créativité publicitaire sont-ils le fruit du hasard et de l'imagination débridée de quelques créatifs d'agence, ou plutôt le reflet d'une évolution sociale lourde ?

Le reflet d'une nouvelle société

Les interactions entre la publicité et la société dans laquelle elle évolue ne sont plus à prouver. Dans les années cinquante/soixante les ménages devaient s'équiper : la pub claironnait les bienfaits des nouveaux produits. Profitant de la fraîcheur des *fifties*, les marques restaient très premier degré. C'était clair, le tout nouveau frigidaire X allait libérer la ménagère. Les années soixante-dix ont été marquées par le vent de 1968 et la pub s'est émancipée des carcans de la réclame. Elle a surfé sur les grandes tendances du moment pour aborder des thèmes nouveaux, tels que la libération sexuelle, la redéfinition du statut de la femme dans la société. En parallèle, elle a appris à dépasser le simple bénéfice fonctionnel des produits qu'elle vantait, pour leur conférer une dimension supplémentaire, celle de l'imaginaire.

Les années quatre-vingt ont capitalisé sur ces tendances et intégré la dimension narcissique de la décennie. Les consommateurs, rêvant de succès et de réussite facile, se sont vus décrits par la pub tels qu'ils rêvaient de se voir : jeunes, beaux, riches et séduisants.

Aujourd'hui, notre société a franchi un cap, nous entrons dans une nouvelle ère, l'ère postmoderne. Le mot est flou, il s'associe à de nombreuses disciplines hétérogènes : art postmoderne, roman postmoderne, architecture postmoderne, pensée postmoderne... Malgré la confusion qui l'accompagne, le concept est un outil d'analyse pertinent.

Le postmoderne s'oppose au moderne : il remet en cause les credo sur lesquels s'est construit le modèle moderniste. Directement issu des principes de Descartes et du Siècle des lumières, le modernisme a orienté la société du XIXe siècle aux Trente Glorieuses.

Il repose sur un socle de valeurs homogènes, considérées comme universelles : religion du progrès, confiance en l'avenir, primat de la science, autonomie de l'individu, culte de la raison, émancipation par le travail.

Si le modèle moderne impliquait un projet fort, orientant le développement des sociétés, il a montré ses limites. Remise en question de la science, défiance vis-à-vis du progrès et de la raison, face à un monde de plus en plus.chaotique… nombreux sont les indices qui soulignent son impuissance à faire face à la nouvelle donne de cette fin de XXe siècle.

C'est le philosophe Jean-François Lyotard qui popularise la notion de « postmodernité » en 1979 avec son ouvrage *La Condition postmoderne*. Il y présente la notion « d'incrédulité croissante vis-à-vis des métarécits ». Un terme un peu « barbare » pour faire référence aux grandes valeurs du modèle moderniste, qui représentaient l'idéologie dominante et fédéraient la société moderne. Pour Lyotard, les métarécits sont par exemple le progrès, la raison, la science, la liberté…

Le philosophe estime que nous vivons une crise de légitimité à l'égard de ces valeurs. Elles ne sont désormais pas plus légitimes que d'autres pour décider de l'orientation des sociétés contemporaines. Elles ont atteint leurs limites. C'est ce qu'il appelle « la crise de légitimation des récits ». Il reconnaît que ces valeurs perdurent, mais montre qu'elles ne représentent plus le seul modèle possible. Parallèlement, d'autres valeurs viennent les concurrencer et orienter les comportements des acteurs sociaux. Les anciennes valeurs restent un modèle possible, mais finalement pas plus légitime que d'autres.

Les implications sociologiques des théories de Jean-François Lyotard définissent une nouvelle culture, la culture postmoderne. Elle intéresse au premier chef les publicitaires et hommes de marketing car elle favorise l'émergence d'un nouveau type d'individu, à géométrie variable, changeant ses comportements de consommation en fonction des aspirations du moment, des envies. Un individu qui, rompu à la société médiatique, modifie sa relation aux médias.

La culture postmoderne, c'est l'émiettement des valeurs qui facilite la perte des repères, le flou généralisé dans lequel nos sociétés cherchent leur voie. C'est aussi le manque de foi à l'égard des normes et des valeurs traditionnelles, qui engendre le pluralisme, l'éclectisme, et favorise l'émergence de nouveaux comportements.

Ces nouveaux modes de vie sont multiples et cohabitent avec les anciens, d'où une fragmentation croissante des sociétés occidentales en réseaux ou « tribus ». Qui s'accompagne du mélange de valeurs contradictoires, de la juxtaposition d'attitudes qui étaient auparavant opposées.

Enfin, la société postmoderne préfère se tourner vers son passé que d'envisager l'avenir avec confiance. L'avenir fait peur. Place au mélange des temps, au pastiche des décennies passées, à la récupération de modes qu'ont croyait éteintes.

C'est cette société là que nous nous proposons d'étudier, et de mettre en relation avec l'univers de la publicité.

Tout porte à penser que les nouvelles tendances publicitaires reflètent cette culture en mutation. Qu'elles illustrent des changements plus profonds, en même temps qu'elles les renforcent. Comment s'étonner que la publicité ne se contente pas de perpétuer les vieilles recettes qui ont fait son succès et emprunte des routes qui parfois nous surprennent ? Régie par le désir de plaire et de séduire, elle est contrainte de s'adapter au nouveau consommateur si elle veut survivre et continuer à remplir la mission que lui confient les marques. Elle adapte donc son discours, cherche à créer des repères là où ceux-ci sont brouillés, à jouer un jeu de connivence et de deuxième degré avec des consommateurs rompus à la culture médiatique.

Depuis quelques années, de nombreux universitaires du monde anglo-saxon se penchent sur les relations existant entre la postmodernité et les bases d'un nouveau marketing. Ils cherchent à montrer en quoi la société a fondamentalement changé au cours des deux dernières décennies et comment ces changements affectent les comportements de consommation. En définissant les nouvelles logiques sociales de la postmodernité, ils expliquent que les marques doivent inventer un nouveau marketing pour faire face à un consommateur différent. Cet ouvrage s'inspire de leur travail, mais a pour ambition d'aller au-delà du marketing pour s'interroger sur les relations entre la postmodernité et la publicité.

Sa conception repose sur l'étude des grandes campagnes publicitaires internationales et françaises menées depuis plusieurs années. Elle a aussi réclamé le suivi attentif, au jour le jour, des tendances culturelles. Les raisonnements plus théoriques sur la notion de postmodernité qui sous-tendent l'ouvrage se réfèrent aux travaux des sociologues et philosophes ayant traité la question.

Son objectif est de montrer en quoi la culture postmoderne génère de nouveaux discours publicitaires. Mais aussi de profiter de l'observatoire privilégié que constitue la publicité pour porter un regard nouveau sur notre société et sa culture.

C'est pourquoi chaque chapitre présente une des caractéristiques clés de la société postmoderne, et s'attache ensuite à montrer comment la publicité la reflète et la nourrit.

Valeurs modernes vs valeurs postmodernes

Valeurs modernes
Raison
Progrès
Science (Empirisme/technologie)
Universalisme
Travail
Réalité
Épargne
Effort
Liberté
Nation
Devoir
Morale
Désintéressement

Valeurs postmodernes
Pluralisme
Hétérogénéité
Fragmentation
Globalisme
Multi-culturalisme
Image
Juxtaposition
Mélange
Tolérance
Non-hiérarchisation
Ludisme
A-chronisme
Popularisme

CHAPITRE 1

Jeux de pub !

Dans son apostille au *Nom de la rose*, Umberto Eco définit le postmodernisme comme l'art de la référence savamment distillée, destinée à créer une nouvelle complicité.

> *« La réponse postmoderne au moderne consiste à reconnaître que le passé, étant donné qu'il ne peut être détruit parce que sa destruction conduit au silence, doit être revisité : avec ironie, d'une façon non innocente. Je pense à l'attitude postmoderne comme à l'attitude de celui qui aimerait une femme très cultivée et qui saurait qu'il ne peut lui dire : "je t'aime désespérément" parce qu'il sait qu'elle sait (et elle sait qu'il sait) que ces phrases, Barbara Cartland les a déjà écrites. Pourtant, il y a une solution. Il pourra dire : "Comme dirait Barbara Cartland, je t'aime désespérément." Alors en ayant évité la fausse innocence, en ayant dit clairement qu'on ne peut parler de façon innocente, celui-ci aura pourtant dit à cette femme ce qu'il voulait lui dire : qu'il l'aime et qu'il l'aime à une époque d'innocence perdue. Si la femme joue le jeu, elle aura reçu une déclaration d'amour. Aucun des deux interlocuteurs ne se sentira innocent, tous deux auront accepté le défi du passé, du déjà dit que l'on ne peut éliminer, tous deux joueront consciemment et avec plaisir au jeu de l'ironie... mais tous deux auront réussi encore une fois à parler d'amour. »*

Les nouvelles mécaniques publicitaires sont identiques à celle de la « déclaration d'amour » chère à Umberto Eco.

La culture médiatique ne présente quasiment plus de secrets pour le grand public. Les publicitaires prennent acte ! Comprenant le degré d'exigence de leurs cibles (qui connaissent bien les mécaniques publicitaires et refusent de se laisser prendre avec les vieux schémas), ils décident de décaler le discours pour continuer à surprendre. Et ils n'hésitent plus à puiser dans le merveilleux réservoir que constitue cette culture commune.

Utiliser ce qu'on a en commun avec leurs consommateurs, prouver qu'on partage les mêmes références, jouer avec ces références pour créer une complicité, tel est le nouveau challenge des marques.

DIESEL, MILLER LITE, SPRITE, SOLO, CRUNCH... Nombre de campagnes publicitaires intègrent désormais parfaitement ce discours référentiel. Et utilisent des chemins détournés pour jouer avec la culture médiatique de leurs consommateurs.

Les nouveaux modes d'expression se nomment kitsch, pastiche, détournement, récupération, second degré. Ils n'hésitent plus à multiplier les clins d'œil et les allusions à une culture partagée, à utiliser des voies indirectes pour faire passer des messages apparemment simples.

Homère ou *Loft Story* ?
La culture médiatique se substitue
à la culture classique

Pour bien appréhender la façon dont la publicité s'engage dans des rapports de jeu avec la culture médiatique de ses consommateurs, observons d'abord cette dernière.

Le match culture médiatique/culture classique tourne à l'avantage de la première, qui devient le nouveau ciment des sociétés occidentales.

La culture classique était le point d'ancrage des classes aisées de la génération de nos parents. Elle impliquait la connaissance (au moins approximative) des grandes œuvres depuis l'Antiquité et définissait un système de valeurs issu du Siècle des lumières, qui fixait des repères clairs et précis. Cette culture faisait office de lien social : on avait tous fréquenté de près ou de loin les études classiques, la mythologie, les philosophes... Même si elle n'était pas partagée par les classes populaires, elle se positionnait en modèle, en référence universelle.

Le lancement de *Loft Story* par M6 a créé une vive polémique, montrant l'ampleur de la fracture entre élites culturelles et goûts populaires. L'engouement du public est sans appel ; rappelons le sondage SOFRES : trois semaines après le lancement du premier *Loft Story*, 60 % de la population déclarait l'avoir vu au moins une fois. 94 % des 15-24 ans a eu l'occasion de passer un moment devant *Loft Story*. Mais malgré cet engouement, la quasi totalité du monde politique et culturel a rejeté l'émission, qualifiée de « télé-poubelle ». L'affaire *Loft Story* a parfaitement illustré la prise du pouvoir de la culture médiatique. Celle-ci s'est substituée à la culture classique et reprend le flambeau de l'universalité. L'émergence de la télévision et de la radio dans les années cinquante est allé de pair avec la naissance d'une société de masse. Le trait d'union culturel n'est plus la connaissance des classiques, mais l'accès aux flux d'information déversés par les médias. L'information est devenue une marchandise, un simple contenu que se disputent les majors de la communication. En période de crise des valeurs religieuses, politiques ou sociales, la communication comble un trou. Sa « marchandise » est entre les mains d'un nombre limité d'individus, les « passeurs » : journalistes, sociétés de production cinéma, maisons de disques, qui décident ce que sera l'activité « médiatico-culturelle » de demain. Les émissions de TV réalité consacrées à la musique, *Pop Stars* ou *Star Academy*, en sont un bon exemple. Un petit nombre d'individus sélectionnent et fabriquent de toutes pièces des groupes, qui sont promus par la puissance médiatique de la chaîne qui les a créés et qui font un succès, plus par la magie des médias que par la loi du talent. On sous-estimera toujours la puissance de la culture médiatique : la tragédie du 11 septembre 2001 a montré combien l'image peut se propager en temps réel dans le monde entier. Et quelle est sa force d'expression.

La compréhension de la notion de culture des médias doit se faire au sens large. Populaire par essence, elle véhicule son cortège de héros, qui incarnent et représentent des sentiments de masse. Au delà de la force intérieure qu'il dégage, et de son talent, Zidane illustre la pureté et la simplicité dans l'univers complexe et souvent corrompu qu'est le sport business. Les mécaniques d'identification n'en sont que facilitées.

Tout cet amalgame de personnalités et d'événements disparates, appartenant à des disciplines différentes, participe à la nouvelle culture du spectacle, amplement relayée par les médias internationaux. Leur point commun : avoir été créés par les médias. Ces derniers leur portent un intérêt tel qu'ils en deviennent essentiels à leur époque. Apparaissant comme les nouveaux fondements de l'imagination collective, leur dimension est désormais universelle. Le monde entier est au courant des frasques de Madonna, a suivi de plus ou moins près le déroulement du Mondial de football, suit la carrière de Brad Pitt ou de Georges Clooney. Et va jusqu'à vénérer la starisation de héros ordinaires comme Loana !

Cette culture est éclectique. Elle comprend les stars du sport de dimension mondiale, les Ronaldo, Michael Jordan, Tiger Woods… Celles du cinéma, ne se limitant pas aux acteurs populaires (Di Caprio, Bruce Willis, John Travolta…) mais incluant aussi certains réalisateurs (George Lucas, Steven Spielberg, Quentin Tarantino, James Cameron…). Les lancements de films de dimension mondiale, comme *Harry Potter ou Le Seigneur des anneaux*. Les grands événements tels que les Jeux olympiques, le Mondial de football, le Festival de Cannes, la cérémonie des Oscars d'Hollywood… Les stars du rock, Britney Spears, les Rolling Stones en tournée… Les top models : comment passer à côté d'une Claudia Schiffer, de Cindy Crawford ou de Naomi Campbell ? Mais aussi des personnalités plus diverses, comme les réussites mondiales du monde des affaires et de la mode, les Calvin Klein, Richard Branson, Phil Knight, Bill Gates… Ou des hommes politiques ayant une dimension « glamour » comme Bill Clinton ou Tony Blair. Un assemblage de personnalités disparates, qui illustrent la pluralité de l'époque et finissent par s'imposer comme les nouveaux ambassadeurs de la culture médiatique.

Ce vaste maelström devient la nouvelle culture : ce qui est commun aux membres d'une société éparpillée, ce qui relie les gens entre eux. La planète entière se retrouve autour d'événements de portée universelle : on s'émeut collectivement aux funérailles de Lady Di, que la couverture médiatique érigera en mythe, on s'enthousiasme (plus ou moins selon les cas !) pour l'équipe de France au Mondial, on se remémore *La Planète des singes* sous l'impulsion de Tim Burton, on se rue sur les grandes expositions artistiques, on célèbre le bicentenaire de la naissance de Victor Hugo. Quelques « passeurs » décident de ces événements, et font ou défont la culture médiatique au gré des commémorations et des aléas de l'actualité.

Ces « méga-événements » deviennent multi-facettes. Leur ampleur vient du traitement qu'en font l'ensemble des grands médias. Mais si tous les regards se tournent vers eux, c'est aussi du fait de leur appropriation par les hommes de marketing.

Et l'on ne se contentera pas d'annoncer le concert des Rolling Stones dans la presse, en affichage, à la radio, d'en parler au journal de 20 heures, et d'en dériver des tee-shirts et autres gadgets. VOLKSWAGEN sortira aussi une série limitée « Rolling Stones », qui donnera lieu à une publicité télévision amplifiant la présence médiatique du concert.

Les lancements de grands films internationaux se prêtent à de nombreuses déclinaisons, sous l'impulsion du marketing.

En Angleterre, les Spice Girls, à leur grande époque, ont aussi été une marque de chocolats CADBURY (« SPICE ») ou le nom d'un appareil instantané POLAROÏD. En plus des multiples produits dérivés du groupe, ces véritables marques développent des campagnes publicitaires augmentant la visibilité des stars.

Lors du Mondial, les annonceurs les plus directement liés à l'événement, les partenaires officiels ou les marques de sport y vont bien entendu de leur campagne (ADIDAS, NIKE, OPEL, DANONE…), renforçant ainsi le bruit médiatique autour de l'événement. Mais les autres annonceurs cherchent à bénéficier indirectement des retombées médiatiques du Mondial. De nombreuses marques développent des campagnes utilisant un footballeur ou s'ancrant sur la thématique football. La « déclinaison marketing » de l'événement le renforce et lui donne une dimension supplémentaire.

Si les médias produisent des événements, ils en font de même pour les personnalités.

Ainsi, ce n'est plus tel ou tel artiste ou personnalité qui se fait remarquer par son travail et qui va être couvert par les médias. Ce sont ces derniers qui se mettent à produire des personnalités en fonction de leurs intérêts. M6 a toujours été très forte pour créer des starlettes : après Ophélie Winter, c'est Cachou et Véronika Loubry qui ont fait la couverture des journaux pour midinettes, une fois lancées par la chaîne. On l'oublie trop souvent, le lancement de Loana était précédé d'un sacré savoir-faire ! NIKE sait aussi comment faire monter en épingle les sportifs en qui la marque croit. Ainsi Éric Cantona a bénéficié de la puissance publicitaire de la marque pour se construire une personnalité. En multipliant les apparitions, même après sa retraite footballistique, « Canto » s'est créé une image. Indépendamment de son talent, Ronaldo profite aussi de son statut de nouvel ambassadeur de la marque pour ancrer son mythe. Michael Jordan est relancé aux États-Unis sous forme de journal…

Peu importe leur origine ou leur domaine d'activité, les nouveaux ambassadeurs de la culture médiatique sont avant tout choisis selon leur aptitude à passer auprès des médias.

Bill Gates, Richard Branson, Zidane, Agassi et consorts les intéressent plus que d'autres car, au-delà de leur *success story* personnelle, ils portent en eux une dimension de séduction. Ils sont à même d'enthousiasmer les foules, de susciter des réactions d'adhésion. Les hommes de marketing les « chouchoutent » car ils sont capables de faire vendre plus de produits que d'autres.

S'ils ne les produisent pas vraiment, ils donnent une ampleur supplémentaire à leur rayonnement médiatique et consacrent leur statut. Non seulement on verra Claudia Schiffer parce que son métier est médiatique et qu'elle est numéro un incontesté. Mais en plus, ses diverses apparitions publicitaires (L'ORÉAL, campagne européenne pour la CITROËN XSARA…) entretiennent sa notoriété auprès du public et la rendent plus familière, plus proche.

Comme on le constate, les personnalités constituant la culture médiatique sont extrêmement disparates. Leur point commun est leur pouvoir de séduction. C'est lui qui intéresse les publicitaires. Il est intéressant de voir que la culture médiatique ne fixe pas d'échelles de valeurs. Elle utilise simplement des personnalités. Ainsi, Gorbachev est apparu dans plusieurs campagnes dont PIZZA HUT. Le sénateur

Bob Dole, candidat perdant lors d'élections présidentielles américaines, a accepté de figurer dans un spot VISA aux États-Unis.

La « culture médiatique » est une notion qui dépasse le cadre strict des médias. C'est plutôt la succession d'événements ou de personnalités sur lesquels tous les projecteurs médiatiques se tournent à un moment donné, pour une période plus ou moins limitée. Elle est hétérogène, éphémère et s'oriente là où l'actualité médiatique l'appelle, sans craindre la superficialité.

La perte des repères, des valeurs, la quête de sens si souvent soulignée est directement issue de la substitution de la culture médiatique à la culture classique. Alors que la seconde fixait des échelles de valeurs, donnait des repères, érigeait une morale, la première répond à une logique différente. Plutôt que de fixer des hiérarchies, de donner des cadres d'analyse, la culture médiatique est régie par un principe de séduction. Elle répond à la demande. Elle va là où elle est attendue. Là où l'audience est garantie, où les parts de marché sont au rendez-vous. À une culture qui donnait des credo pérennes, se substitue une culture opportuniste et superficielle. Une culture de l'éphémère, à géométrie variable, qui s'oriente en fonction du vent et obéit à une logique de l'événement, du fugitif. Une logique « télévisuelle », privilégiant l'enchaînement des images à la rigueur des analyses.

Et pourtant cette culture devient le nouveau lien social. La télévision devient « télé-conversation » : le Loft, le Mondial… créent du lien. On commente, on évalue, on critique… mais au moins, on en parle. C'est elle qui vient peupler les imaginaires collectifs. Elle nous offre ce qu'on a envie de voir plutôt que de nous imposer des règles préétablies, de chercher à définir nos orientations. C'est bien moins contraignant ! Et quelle puissance ! Comment échapper à la couverture d'un événement d'ampleur mondiale ? Pour ne citer qu'un exemple, le Mondial aura cumulé plus de 27 milliards de téléspectateurs dans le monde entier. Une aubaine pour les publicitaires et les annonceurs de tous les pays. Partagée par tous, de portée universelle, la culture des médias devient le nouveau dogme, le nouveau ciment. Elle ne repose plus sur des valeurs communes, mais sur un partage de la culture de l'instant, qui unit et rassemble les membres éparpillés des sociétés postmodernes. Dans *La Télévision cérémonielle*, les auteurs Daniel Dayan et Elihu Katz montrent qu'en se connectant sur un programme, on se connecte sur toute la collectivité qui le regarde au même moment. Regarder la finale de la Coupe du monde, c'est avoir conscience que plusieurs centaines de millions de téléspectateurs partagent la même émotion au même moment. C'est donc participer à une nouvelle forme de cérémonie collective, qui devient un puissant facteur d'intégration sociale. Celui-ci vient se substituer aux anciens facteurs d'intégration qu'étaient la culture classique, une morale commune…

Une culture d'initiés

Le roman culte de la première partie des années quatre-vingt-dix est sans discussion *Génération X* du canadien Douglas Copland. Il est rapidement devenu le symbole du mouvement *grunge*, et a diffusé dans le monde entier les valeurs de la génération des 20/30 ans aux États-Unis : recul par rapport aux médias, prise à contre-pied des apparences qui avaient été reines dans les années quatre-vingt, du *star system*, cynisme généralisé quant à la morale et à l'avenir de la société, refus des engagements…

Un des chapitres du livre s'intitulait « Je ne suis pas un cœur de cible ! ». L'auteur y montrait combien cette génération avait développé une expertise du monde des médias et du marketing, et pris conscience d'être de plus en plus captive dans ses comportements de consommation. Elle s'était donc éloignée des grandes marques, jugées trop envahissantes, pour orienter sa consommation sur des produits spécifiques. Désormais initiée aux rouages de la télévision, elle avait compris que les modèles « idéaux » qu'on mettait en avant dans la publicité ne représentaient qu'un monde bien éloigné de la vie quotidienne. Elle avait donc cessé de se projeter, de s'identifier aux éphèbes évoluant dans de merveilleux lagons en mangeant des BOUNTY, et autres groupes de jeunes faisant du rafting avec des HOLLYWOOD CHEWING GUM.

Pourtant la Génération X a vécu. Cette prise de distance vis-à-vis de la société de production-information-consommation est restée ponc-

© Éditions d'Organisation

tuelle. Ses grands principes se sont dissous dans le temps, finalement vaincus par la puissance du système. Ses ambassadeurs, ses groupes phares, ont quasiment tous disparu (sauf peut-être les Smashing Pumpkins). La Génération X est morte, vive la Génération X ! Elle aura cristallisé la prise de conscience de l'omniprésence et du triomphe de la culture médiatique.

À force de baigner dans cette culture, on finit par la connaître à fond, on sait l'analyser, la décrypter, bref on devient des experts. On s'intéresse donc autant aux grands événements qu'à la façon dont les médias vont les traiter. Et un nouveau type d'articles ou d'émissions apparaît, sur le ton de l'autoréférenciation. On s'autocite. On fait un article sur tel article ; une émission de télévision traite des programmes d'une autre émission, une pub caricature une autre pub. On s'éloigne progressivement des référents réels pour entrer dans un stade avancé de la culture médiatique : celui où les consommateurs développent une expertise sur les médias eux-mêmes, leurs styles, leurs tons, leurs figures emblématiques.

Cette expertise est bien naturelle. Nombre d'organes de presse ou d'émissions TV développent des sujets sur le monde médiatique.

Aux États-Unis, un mensuel a été lancé sous le titre *The Brill's content*. Celui-ci, entièrement consacré aux médias, propose de porter un regard critique sur la façon dont ils traitent l'information. S'autoproclamant en couverture « la voix indépendante de l'âge de l'information », il s'est lancé en analysant la façon dont les médias ont analysé l'affaire Clinton/Lewinsky. Il témoigne d'un mouvement de fond secouant la culture américaine, la crise de confiance vis-à-vis des journalistes, et la connaissance croissante de leurs méthodes par le grand public.

En France, les journaux à plus fort tirage sur la cible des 15/24 ans consacrent de larges rubriques à l'étude de l'actualité médiatique. Ainsi, l'un des gros succès du magazine *Entrevue* est la rubrique Télézap qui présente les séquences télé les plus croustillantes du mois passé. Une autre rubrique analyse les déclarations contradictoires des stars devant les médias. Sous le titre « Ils ont dit, ils ont menti », elle cherche à les piéger en montrant qu'ils accumulent les contradictions.

De même, l'autre revue à fort tirage sur les jeunes, *Max*, a un contenu rédactionnel très orienté sur les médias, qui représentent même son fonds de commerce. Reprise de starlettes TV qui font les modèles pour la revue, traitement systématique de l'actualité publicitaire, questionnaire sur les meilleures pubs du numéro (« Top Pub Max, votez pour la publicité la plus Max et gagnez un cadeau 100 % Max »), articles sur certaines émissions de télévision, analyse consommation. *Max* récupère positivement et amplifie la culture médiatique (« Tous les mois nous décryptons sans haine la société du spectacle »).

Même un quotidien comme *Libération* possède une rubrique, « La vie en pub », qui présente certaines publicités sélectionnées au gré des envies du journaliste. Sur un ton humoristique et souvent critique, elle décortique le contenu et la forme des messages publicitaires.

Le cinéma a intégré le niveau « d'éducation » de son public. Celui-ci n'est plus vierge et s'intéresse désormais à ceux qui opèrent derrière la caméra. Aussi les mentions « Par le réalisateur de… » et même « Par le scénariste de… » fleurissent. On ne vend plus un film uniquement sur ses acteurs et son scénario, mais aussi en donnant des garanties sur ceux qui l'ont conçu.

De même, l'on va traiter un public plus averti en multipliant les clins d'œil, les références à des éléments de culture partagée. Ainsi, *Pulp Fiction* utilise par exemple Travolta à contre-emploi, mais n'hésite pas à faire une allusion au passé « dansant » de la vedette. Ou *Scream* va multiplier les références à de vrais films d'horreur, et les citations de noms d'acteurs ayant débuté dans le *gore* comme Jamie Lee Curtis.

Les initiés s'y retrouvent et en construisent une légitime fierté. Ils auront su relever un passage contenant une référence plus ou moins directe à un autre film ou événement médiatique.

Comme la culture cinéma se développe toujours plus avec l'apparition de la vidéo et bientôt le développement du « Home cinéma », on multiplie les collections de films de référence, que tout cinéphile doit absolument posséder sous peine de n'être qu'un pauvre néophyte. Et l'on trouve dans les rayons de n'importe quel distributeur les collections « Les films de ma vie », « Les films cultes »… recensant les grands classiques.

La télévision se met aussi à se regarder le nombril et consacre un nombre croissant d'émissions traitant du monde médiatique. Celles-ci peuvent être en référence directe à d'autres émissions (*Le zapping de Canal plus*, *TV+*, *Ligne de mire*, *Télévision*, *Arrêt sur images*, *Le Mensuel*...). Ou en référence à l'actualité médiatique du moment. Ainsi les Nuls ont bâti leur succès sur une vision caustique de la société et de la télévision. Les Guignols jettent un regard cynique sur la vie politique et accueillent même des stars des médias (PPDA, Gildas...).

Et la publicité est passée au crible devant trois millions de spectateurs chaque dimanche soir dans *Culture Pub*. Le succès de l'émission souligne combien les spectateurs en ont assez d'être confinés au statut peu valorisant de « ménagère de moins de cinquante ans » et veulent en savoir plus sur les rouages du monde du marketing et de la publicité.

Un nouveau registre publicitaire : la connivence

Naturellement, face à cette avalanche de programmes, de rédactionnel, d'émissions radio participant à la nouvelle société du spectacle, le consommateur évolue : il devient expert. Les publicitaires en ont pris acte : il fallait faire évoluer la façon de communiquer. S'adapter au nouvel état d'esprit et changer de ton, abandonner le premier degré au profit d'un traitement plus sophistiqué. Comme si la pub réalisait qu'elle avait parfois pris les consommateurs pour des idiots, mais que, promis-juré, il n'en était désormais plus question. Les consommateurs ne s'identifient plus aux héros qu'on leur présente ; la mécanique de la projection est cassée, c'est un fait. Finis donc, les modèles aspirationnels très premier degré où l'on vendait le soleil, le ciel bleu et les top models légèrement vêtues avant de vendre le produit.

Finie, la femme RODIER qui représentait un archétype de la nouvelle femme sûre d'elle et de sa réussite, confiante et séductrice, dans laquelle la consommatrice « moyenne » se projetait volontiers.

Désormais on aura plutôt tendance à se projeter dans ceux qui sont derrière les films : au cinéma, le réalisateur ou le scénariste ; en publicité, les créatifs. Et à valoriser l'idée que le créatif aura su trouver. On est passé du stade de la projection au premier degré dans les images et les protagonistes des films, à un mode de projection plus sophistiqué, dans ceux qui font les films. Quelle bonne idée d'aller chercher tel ou tel réalisateur ou superstar ! Si l'on a parlé dans la presse de la campagne NIKE développée pour la Coupe du monde de football 98, c'était surtout pour saluer les premiers annonceurs à avoir eu recours au réalisateur John Woo et avoir réuni Ronaldo et Cantona sur un même plateau. Les vertus des personnages, la performance des produits ou la capacité identificatoire du scénario n'étaient pas franchement prioritaires.

Si la campagne pour le parfum Obsession de CALVIN KLEIN a eu tant de succès, c'est parce qu'elle utilisait Kate Moss, le mannequin vedette, emblème de l'époque, dans un rôle parfaitement cohérent avec sa personnalité. De même que l'idée d'aller chercher le réalisateur hollywoodien Tim Burton pour diriger son dernier film publicitaire a valu à HOLLYWOOD CHEWING GUM un article dans *Le Monde*.

Le consommateur est éduqué : il va applaudir face à l'utilisation de telle star parce qu'elle sera originale ou décalée ou au contraire restera de marbre dans d'autres cas. Quand CITROËN choisit Claudia Schiffer pour mettre en avant les airbags de la XSARA, il y a une relation directe entre la star et le produit. Le film montre Claudia accepter de conduire une XSARA pour se heurter frontalement à un obstacle. Les airbags se déploient, Claudia sort de la voiture sans une égratignure. Le message identifié par les publicitaires est la confiance dans la sécurité de la voiture. La démonstration tombe sous le sens ! Qui d'autre que les tops models les plus cotées tiennent à leur beauté et se doivent de présenter aux photographes un visage parfait ? Si Claudia fait confiance à la XSARA pour ce qu'elle a de plus cher, son visage, c'est donc bien que nous, commun des mortels, nous pouvons lui faire confiance. En déclinant ce film en une saga attachée à la voiture, CITROËN a utilisé la notoriété et la popularité du modèle, bien sûr, mais aussi ses particularités d'image : santé, beauté rayonnante et universelle (à comparer à des beautés plus sulfureuses comme celle de Kate Moss à la même époque…), qui sont venues enrichir la côte d'image de la XSARA.

L'agence Fallon Mc Elligot, a développé plusieurs campagnes pour la marque de bière MILLER LITE aux États-Unis. L'une d'elles montrait qu'elle avait parfaitement compris ces mécanismes, en jouant cartes sur table : MILLER LITE n'enjolive pas la réalité, mais dit les choses comme elles sont. On y voyait le créatif de la campagne, au lancement de celle-ci, et chaque pub commençait par « Voilà Dick, le créatif qui est derrière cette pub. On lui a donné un paquet de dollars, plusieurs bouteilles de MILLER LITE et on lui a laissé faire ce qu'il voulait, à partir du moment ou c'est reconnu comme drôle et divertissant. »

La marque prend acte du degré général de connaissances publicitaires. Elle préfère dire les choses comme elles sont, puis se concentrer sur le divertissement de ses consommateurs, le jeu avec leur culture médiatique. Elle joue sur une relation de connivence : on ne va pas vous raconter de « salades », mais on a juste cherché un très bon créatif pour vous divertir. Cette connivence, qui succède à la conviction, peut prendre plusieurs visages.

La montée du kitsch

Le journaliste P. Nassif écrivait dans le journal *Teknikart* :

> « *La société postmoderne est une machine à transformer le ringard en kitsch.* »

En effet, la tendance des sociétés actuelles à regarder derrière elles implique de reconsidérer ce que l'on avait définitivement classé à la rubrique « démodé ». Et l'on voit réapparaître à la pointe de la mode et de la création ce qui hier nous semblait dépassé, dans une utilisation décalée.

La célèbre pub FERRERO « Les dîners de l'ambassadeur » continue à faire vendre le produit sur un mode de lecture premier degré. Et en parallèle, elle fait les délices des milieux branchés par son esthétique jugée à la pointe du mauvais goût et du ringard. Il devient « tendance » d'apporter dans les dîners en ville des Rochers FERRERO en référence à la pub mythique. On a même parlé de soirées branchées dans les catacombes de Paris sur le thème des réceptions de l'ambassadeur.

Pour le dictionnaire, le kitsch est « un style ou attitude utilisant des éléments démodés considérés de mauvais goût par la culture établie et valorisés dans leur utilisation seconde ».

Les publicitaires adorent ce type de décalage et développent les discours second degré. Les créatifs prennent un malin plaisir à aller fouiller dans les greniers de l'histoire les personnalités, looks, musiques les plus obsolètes et ridicules possibles. En les utilisant de façon appropriée, ils seront très tendance !

Dans une pub radio pour TWINGO, on utilise Véronique et Davina, stars du *fitness* des années quatre-vingt, désormais ultra-démodées, et leur fameuse musique immédiatement identifiable « tu-tu-yu-tu… ». Celles-ci invitent à « allonger les jambes ». Et TWINGO d'ajouter que ses passagers ont tout l'espace pour allonger leurs jambes… Pour faire passer un message très produit et actuel, sur le confort du passager, TWINGO va puiser dans le réservoir du démodé des années quatre-vingt. La valeur de divertissement du message fonctionne pleinement.

La marque de jeans DIESEL est probablement le meilleur exemple de l'utilisation du kitsch en publicité. La marque a construit sa saga et son succès sur ce procédé. Le marché du jean était dominé par LEVI'S, dont chaque film était à la pointe du branché. Tout, dans les films LEVI'S, véhicule l'emprise sur le moment : bande son et réalisation parfaites, casting spécifique et aspirationnel, scénario original… DIESEL avait donc le choix entre imiter ou se différencier, et développer un discours surprenant et encore jamais entendu sur ce marché. L'imitation du leader par le challenger peut fonctionner mais montre rapidement ses limites, sur des marchés où le produit ne fait pas réellement la différence : on ne sera jamais qu'un éternel second, une pâle copie. DIESEL a donc choisi de créer son propre style de communication et de suivre sa route sans complexe.

Le choix de l'agence est déjà significatif. Plutôt que de faire appel à une traditionnelle grande agence européenne, le jeaner italien s'est alors orienté sur DDB Paradiset, agence localisée à Stockholm. Sans doute en raison de la capacité unique des agences nordiques à distiller un type d'humour décalé et kitsch, qui n'a pas son équivalent dans le reste de l'Europe.

Ensemble, annonceur et agence ont développé une saga kitsch dont chaque nouveau film l'emportait sur les précédents en audace et en décalage, l'idée directrice étant de choisir des pays dont le style de publicité est très typé et de caricaturer sauvagement ce style. Cela sans renoncer pour autant à pasticher d'autres genres comme la publicité lessivière (qui a décidément bon dos !), à faire référence aux pubs qui vous promettent monts et merveilles, et à construire des scénarios rocambolesques.

La marque a ainsi développé une campagne caricaturant les styles publicitaires bien reconnaissables de certains pays (Hong Kong, Afrique, Inde, États-Unis…) et reprenant tous les clichés qu'ils utilisent traditionnellement.

Le film « africain » s'intitulait *Le Look le plus cool* et montrait un jeune homme noir arrivant chez un coiffeur. Il utilise une laque DIESEL, change de look et file en boîte, sur une musique hyper-démodée. La suite se trouve dans un autre film (*Le Look le plus cool 2*). C'est le matin, notre homme se réveille difficilement dans le lit d'une jeune femme. Il constate la puissance de son haleine matinale avant d'aviser la photo du petit ami de la jeune femme, posée sur la table de chevet : un costaud au format Mike Tyson. On sonne, et bien entendu, c'est le petit ami. Pour se sortir de cette situation difficile, notre homme ne trouve rien de mieux que de lui souffler au visage. Le visiteur, asphyxié, s'écroule. La jeune femme sort, et notre héros se pulvérise dans la bouche le produit DIESEL. Son haleine disparue, il embrasse ensuite tendrement sa conquête. Signé : « **DIESEL,** for successfull living. »

Le meilleur film de la saga caricature une pub indienne. Un Indien au look super ringard (une caricature du Sentier version Bombay) explique avec l'accent qu'il produit les jeans DIESEL, en super-denim. Sur une musique type pub indienne de seconde zone, il fait très directement la démonstration des multiples qualités de ses jeans (par exemple, il n'hésite pas à sauter dans une piscine, en éclaboussant tout le monde au passage, pour prouver qu'ils sèchent en cinq ou six secondes). Enfin, à court d'arguments, il explique aussi que ces jeans peuvent être bons pour votre vie amoureuse. Le film se termine, signé (avec l'accent) « No Problem Jeans for No Problem People. »

Les résultats ne se sont pas fait attendre. En se créant une personnalité spécifique et haute en couleur, en cultivant l'esprit décalé, DIESEL a non seulement raflé les récompenses aux grands prix publicitaires internationaux, mais a aussi quadruplé ses ventes. La marque est désormais leader du marché allemand et numéro deux en Europe, devant des marques « historiques » comme LEE COOPER. DIESEL a ensuite abandonné le filon de la saga des pubs-pays pour s'orienter sur un kitsch plus sophistiqué avec le film *Scouts*, puis s'éloigner du kitsch avec les films *Far West*, et *Porno*. L'idée directrice étant plutôt de prendre à contre-pied la valorisation traditionnelle du produit et de jouer sur l'ambiguïté entre le bien et le mal. Exploitant ce filon, DIESEL a ensuite joué sur l'absurde. On voyait sur la campagne d'affichage de jeunes gens supposés avoir 80 ans. Ceux-ci avaient conservé leur aspect juvénile, nous disait la marque… en buvant leur propre urine !

L'exemple DIESEL n'est pas isolé. Le kitsch devient un style publicitaire à part entière qui séduit de plus en plus d'annonceurs (LABATT ICE en Angleterre, ARMANI JEANS, VICHY SAINT-YORRE…). Il ne se cantonne plus aux marchés très ados et gagne d'autres secteurs, comme l'automobile ou la grande consommation.

> **A**insi, en Hollande, VOLKSWAGEN s'y est mis. Le film commence par un gros plan sur l'avant d'une GOLF avec le symbole GTI. Un couple monte dans la voiture, très typé années soixante-dix : coupe de cheveux, façon de s'habiller, gestuelle, tout connote le démodé et le ridicule, la mièvrerie. Le film est sans paroles, une bande son ultra-gentillette et vieillotte l'accompagne. Ils prennent la route et conduisent très lentement. Le jeune homme accélère un peu par inadvertance et la jeune femme prend un air effrayé qui le rappelle vite à l'ordre. Toujours à 20 à l'heure, ils saluent sagement un couple de paysans travaillant dans les champs. Arrivés à un grand pré, ils installent un piquenique, les yeux dans les yeux, en amoureux. Un écran noir se déroule, il y est simplement écrit : « la publicité automobile pour la puissance est interdite ».

La marque crée une connivence en détournant une loi qu'elle estime injuste. Elle met l'accent sur la loi, mais surtout laisse entendre qu'à la place de cette mièvrerie, elle aurait pu faire une publicité sur la puissance, donc que la GOLF GTI est très puissante. CQFD.

Même ADIDAS s'y est mis pour la Coupe du monde de football 2002. La campagne européenne (hormis la France) met en scène un étrange endroit « l'Institut d'étude de la footballitis ». On y voit des scientifiques en blouses blanches observer une série de cas d'une nouvelle maladie en apparition, et qui crée des comportements bien étranges. Les patients ne sont autres que Zidane, Barthès… et autres, qui ne peuvent s'empêcher de jongler, dribbler ou tirer, dès qu'un ballon passe à proximité d'eux, où qu'ils se trouvent. Le film se conclut par une information un peu triste : il n'y a pas de remède à la footballitis. L'humour est au rendez-vous, la marque ne se prend pas au sérieux.

Le kitsch devient tellement central qu'il existe même une maison de production, nommée Traktor, spécialisée dans ce style. Celle-ci propose une palette de réalisateurs dont le savoir-faire est justement de développer un « traité kitsch » original. Ce traité est particulièrement apprécié dans les pays du Nord et gagne progressivement l'ensemble des pays européens.

Pourquoi cette multiplication de campagnes apparemment « ringardes » ? Sur quels leviers jouent les messages pour qu'elles soient décodées positivement ?

Le discours publicitaire prend un double sens : plus on ira chercher des raretés dépassées et ridicules, plus on amusera les consommateurs. Ceux-ci auront bien compris que la démarche est volontaire et qu'elle ne vise qu'à les distraire. Mais au-delà de la valeur humoristique et spectaculaire que revêt le « ringard » hors contexte, le kitsch modifie la relation que les marques entretiennent avec leurs consommateurs. En décalant le discours, elles communiquent désormais sur le mode du jeu. La règle en est simple : « On sait que vous savez que nous faisons exprès d'être de mauvais goût. Comme c'est volontaire, c'est vraiment drôle et bien vu. » Voilà que les marques se mettent à partager leur sensibilité avec leurs consommateurs. Elles émettent par exemple un point de vue sur du démodé. Non seulement les consommateurs comprennent qu'il s'agit d'un discours décalé mais, de surcroît, ils partagent la valeur d'humour du discours de la marque. Il y a donc culture partagée, univers de références commun. Et donc complicité accrue ; les marques installent une relation de connivence en partageant un regard décalé avec leurs consommateurs. Il est sous-entendu que tout le monde ne pourrait comprendre cela. Et le vrai sens du discours devient l'inverse : « VOUS ÊTES COOL SI VOUS N'ÊTES PAS COOL » ! Dans le fond, la mécanique est la même que celle qui a construit le succès du Loft : « C'est nul et j'adore. »

Ce discours traduit la recherche de nouveaux territoires par les marques, qui doivent évoluer au même rythme que la mentalité de leurs consommateurs pour continuer à les séduire. Si le kitsch devient branché, ce n'est pas le fruit du simple hasard, mais bien plutôt le résultat d'une analyse parfaitement rationnelle de la part des publicitaires. Les consommateurs ne veulent plus emprunter les grandes avenues de la publicité traditionnelle. Ils les connaissent par cœur et s'en sont lassés. Il faut leur montrer qu'on a compris, et continuer à les surprendre. Quoi de plus simple que de prendre à contre-pied les codes habituels ? Les produits se prennent au sérieux : prenons-les en dérision. Ils développent des argumentaires mettant en avant leurs points de supériorité : n'en parlons même pas. Leurs publicités veulent être dans l'air du temps : soyons le plus ringard possible. Les héros représentant la marque sont habituellement beaux et convaincants : ils seront alors ridicules.

Forçons un peu le trait afin que chacun puisse comprendre que tout ceci est bien volontaire. Et le tour est joué. La recette séduit toute une génération, plus sensible à l'humour distancié et à la relation qu'elle entretient avec les marques qu'aux déclarations d'intention.

Le *no bullshit* : les marques choisissent la franchise

Les consommateurs deviennent experts en publicité ; qu'à cela ne tienne, les marques font volontiers leur mea culpa. Elles reconnaissent qu'elles ont parfois abusé d'artifices marketing pour vendre leurs produits, mais jurent leurs grands dieux que désormais c'est bien fini.

Elles ont compris : on ne peut plus attraper les consommateurs avec les clichés habituels, les vieilles ficelles de la pub. Aussi décidentelles d'adopter un profil bas ! Si la majorité des nouvelles campagnes s'éloignent du produit pour privilégier les valeurs de spectacle ou les messages porteurs de sens, le *no bullshit* peut rassurer les annonceurs inquiets. Il y a encore un avenir dans les produits. Et d'ailleurs, certaines marques proposent d'acheter le produit et son bénéfice fonctionnel, et uniquement cela. Ce n'est pas avec elles qu'on deviendra beau et séduisant, qu'on vivra une vie de rêve, à l'ombre d'un palmier, isolé au bord d'un lagon merveilleux.

En adoptant ce type de discours, les marques récusent les campagnes très orientées image, devenues dominantes sur certains marchés comme les *soft drinks*, et finalement assimilées à de la langue de bois. Elles surfent sur les valeurs du mouvement *grunge*, fait de défiance à l'égard des médias et du marketing. Ces marques comprennent qu'elles ne peuvent plus conserver leurs anciens discours, sous peine d'être disqualifiées. Elles cherchent donc à créer une nouvelle proximité sur le ton de la franchise, de la transparence : « Nous n'essayons plus de nous cacher derrière des artifices marketing ; nous vous vendons notre produit et uniquement cela. » La réaction attendue des consommateurs : « Enfin une marque qui arrête de me raconter des "salades" et qui reconnaît ses limites. Ça change un peu des discours habituels, et je trouve ça plutôt honnête et franc. »

Ce type de stratégie publicitaire a séduit de nombreux annonceurs.

L'exemple le plus accompli est probablement celui de SPRITE. Sergio Zyman, gourou du marketing chez COCA-COLA, est à l'origine du repositionnement de SPRITE. Celui-ci raconte que la marque n'arrivait pas à percer sur le segment encombré des boissons aux arômes de Citron. Il a donc choisi de casser les codes d'appartenance à son segment et de repositionner la marque sur un simple critère d'attitude. SPRITE devenait la marque de ceux qui ne se laissent pas « arnaquer » par la publicité et qui consomment un produit pour son bénéfice direct plutôt que pour son image.

Sur un marché extrêmement disputé SPRITE a pris le risque d'orienter son positionnement vers le *no bullshit*. Et la marque de montrer dans ses pubs un groupe de jeunes gens sublimes, filmés le long d'une plage, en noir et blanc, façon mode. La voix off déclare : « Que boivent les gens vraiment très beaux quand ils ont soif ? ». On voit alors, sur le passage du groupe de mannequins, un personnage au physique assez commun, tenant en main une cannette de SPRITE. La voix off continue : « La même chose que la plupart d'entre nous. »

La marque signe alors : « L'image n'est rien. La soif c'est tout. Obéis à ta soif ».

SPRITE montre d'abord qu'elle aurait pu essayer d'attraper ses consommateurs avec les vieilles ficelles. Les premières images le prouvent ; elles sont vraiment sublimes. SPRITE peut et sait faire cela. Mais la marque en a décidé autrement pour adopter un discours de franchise, espérant que le consommateur saura apprécier cet effort à sa juste valeur. SPRITE affirme ses limites, mais aussi sa raison d'être. À la question classique que se posent souvent la plupart des publicitaires, choisir un monde idéal pour favoriser la projection ou s'ancrer dans « la vraie vie » pour plus de proximité, SPRITE répond à sa façon. Elle revient à l'affirmation basique de son efficacité contre la soif et se rapproche des consommateurs lassés par le discours dominant du marché, trop éloigné des réalités produit.

Après ce premier film installant son nouveau positionnement, SPRITE varie les exécutions sur le même tempo.

Un film présente une pub complètement stupide pour le *soft drink* JOKY. On y voit tous les clichés traditionnels de la pub *soft drink*, en moins bien. La musique est lamentable, les images présentent des sports de plage : planche, surf, maître nageur tenant deux créatures sur ses genoux... Plan *cut,* on retrouve deux consommateurs de la marque dans une cabane, pris dans un blizzard glacial ; ils ne peuvent boire leur JOKY car le liquide est gelé à l'intérieur des boîtes. Visiblement, ils ont eu tort de se fier à l'image développée par les pubs JOKY car elle ne correspond pas à leur réalité. Et SPRITE de leur rappeler que « L'image n'est rien. La soif c'est tout. Obéis à ta soif ».

Le film suivant se déroule dans un restaurant ultra-branché, type Hollywood. Les gens attablés sont très sensibles à leur look, la voix off le précise : « Attachez bien vos catogans, préparez vos téléphones mobiles... car vous êtes dans un des endroits les plus branchés de la ville... mais apportez votre propre SPRITE car un endroit aussi centré sur l'image n'en propose pas ». Bien entendu, la signature est la même.

Dans le troisième film, on voit une ménagère face à deux bacs dans lesquels elle met deux vêtements sales. Le décor pastiche parfaitement celui d'une pub lessivière peu sophistiquée, du type de celles qu'on voyait dans les années cinquante. La musique et le look de la ménagère nous installent dans l'esprit des *fifties*. L'idée est de comparer le pouvoir de nettoyage de SPRITE à celui de GLOG, une lessive moyenne. Trente-sept minutes fictives après avoir introduit les deux vêtements dans les bacs, la ménagère les ressort. Le linge nettoyé avec GLOG ne contient plus aucune tache. Celui lavé avec SPRITE est toujours aussi sale. Conclusion : SPRITE est nul contre les taches mais fort contre la soif. Et la ménagère de vider le verre de SPRITE. Pendant que la signature défile, elle s'attaque même au SPRITE contenu dans le bac à linge. Le lien avec l'image est moins fort que dans les autres films, mais la force humoristique a garanti la sélection du script. Indirectement, le film véhicule tout de même le message : on ne vous raconte pas n'importe quoi sur SPRITE (par exemple, qu'il lave mieux que n'importe quelle autre lessive) mais par contre, il faut bien reconnaître que c'est le plus fort contre la soif.

L'exemple de SOLO exprime à sa façon cette stratégie. SOLO, marque de *soft drink* dans les pays nordiques, a construit son succès sur une campagne originale. Le principe : SOLO ne soigne que la soif, pas le reste.

Derrière l'idée créative réside la volonté de recentrer la marque sur le bénéfice central du produit, la désaltération, en refusant tous les enjoliveurs publicitaires parfois utilisés sur ce marché.

Ainsi, dans l'un des premiers films, qui avait obtenu un Lion d'or au Festival de Cannes pour son humour minimaliste, on voit une dame assez âgée, habillée en tenue de gala, chantant « Happy Birthday to you », accoudée à un piano. Elle chante horriblement faux. Elle marque une pause, boit un verre de SOLO, et reprend son tour de chant. Le public peut s'attendre à ce qu'elle se soit un peu améliorée. Pourtant, il n'en est rien. Elle chante encore plus faux. Conclusion : « SOLO ne soigne que la soif. »

Un coureur cycliste en grande tenue peine terriblement. Malgré ses efforts, il est avant-dernier. Il boit alors un verre de SOLO. Au lieu d'améliorer sa performance et de regagner des places au classement, il s'exténue progressivement jusqu'à se faire doubler par le seul concurrent qui était encore derrière lui. Même une grand-mère allant faire ses courses en vélo lui passe tranquillement devant. Bien entendu, la conclusion est la même, Solo ne soigne que la soif !

SOLO ne s'en prend pas directement aux artifices de l'image. Pourtant, son discours est le même que celui de SPRITE. SOLO ne peut vous garantir que la désaltération. Il ne vous rendra pas plus beaux ou plus forts, ce n'est pas la boisson des gagnants ou des top models, on ne le consomme pas dans les endroits les plus branchés. SOLO est simplement une boisson qui ne vous racontera pas n'importe quoi, ne vous vendra pas de vent. Et c'est pour ça que vous l'aimerez !

Quels sont les leviers qui agissent derrière ce type de stratégie ?

D'une part, les publicitaires ont compris qu'il fallait jouer avec la culture publicitaire de leurs consommateurs. Ils s'orientent donc vers une mécanique similaire à celle du kitsch. Ils vont à l'opposé de là où on les attend, prennent le contre-pied des anciens codes publicitaires. Mais au lieu de « ringardiser » ce qui était branché, ils partent en lutte contre le pouvoir de l'image. On vous vendait des paysages sublimes, on revient dans votre quotidien. Nos comédiens étaient des créatures de rêve, à présent ils vous ressembleront. On vous vendait des bénéfices psychologiques : on se recentre sur notre produit et son bénéfice fonctionnel.

En décalant leurs discours, en proposant l'inverse de ce qu'ils proposaient auparavant, ces publicitaires d'un nouveau style s'adaptent à la culture de leur cible.

D'autre part, ils ont la volonté de se différencier. La différence est toujours payante en publicité. Le premier « challenge » stratégique est de trouver un territoire de communication qui ne soit pas encore occupé par un concurrent et qui parle aux consommateurs. Le second challenge est de trouver les moyens publicitaires de se l'approprier. Comme ORANGINA s'est approprié la pulpe d'orange qu'il faut secouer. Ou comme MARS s'approprie la notion d'énergie quand son concurrent et néanmoins ami TWIX (les deux marques appartiennent au groupe MARS) fait sien le petit geste « deux doigts coupe faim ».

En allant à l'opposé des conventions du marché, les marques *no bullshit* ne font rien d'autre que de chercher à se différencier, à briser ces conventions. Elles pratiquent à leur façon ce que le publicitaire

Jean-Marie Dru appelle la « disruption ». C'est-à-dire la technique qui vise à identifier une convention publicitaire ou marketing sur un marché, puis à effectuer une disruption, ce qui signifie proposer une vision de son produit ou de son marché qui soit différente des conventions habituelles. Un exemple ? La convention sur le marché de l'informatique au début des années quatre-vingt était déterminée par IBM : l'important, pour un ordinateur, était la performance technologique. C'était le critère de choix d'un bon ordinateur. APPLE arrive sur le marché comme un OVNI (imaginez une marque qui s'appelle « Pomme ») et dit : la performance technologique n'est pas aussi importante qu'IBM cherche à vous le faire croire. Ce qui compte vraiment, c'est la convivialité. Le fait que ce ne soit pas l'homme qui doive s'adapter à la machine mais bien l'inverse.

En proposant une vision différente et spécifique du marché, en phase avec la culture de l'entreprise, APPLE a réussi à s'imposer. Mais le succès est venu du fait que cette vision rencontrait une attente consommateur forte, même si elle n'était pas exprimée. Les utilisateurs de PC n'avaient pas encore le choix, mais percevaient la complexité technologique des ordinateurs comme un mal nécessaire.

Le cas de SPRITE est identique. La marque identifie la convention du marché : la plupart des marques de *soft drinks* vendent leurs produits sur de l'image. Elle effectue alors une « disruption » en affirmant qu'elle ne vend justement pas l'image mais la désaltération. Et elle expose sa vision : « La marque qui est au service de la soif et uniquement de la soif ».

SPRITE a réussi à se différencier du gros du marché, et donc à proposer une alternative aux consommateurs, plutôt que de « hurler avec les loups ». De plus, SPRITE s'est approprié ce positionnement, qui correspond aux attentes d'une partie non négligeable de la cible des adolescents. Une partie suffisamment importante pour lui garantir la croissance de ses parts de marché sur le moyen terme.

Le pastiche

Le modernisme reposait sur la science et la technique. Il impliquait donc la notion de performance d'une société qui allait toujours de l'avant, qui innovait sans cesse. Le postmodernisme indique que faire du nouveau n'est en rien indispensable. La création passe par le recyclage d'éléments existants plutôt que par la nouveauté *in abstracto*. On va désormais ériger la copie en genre à part entière, mais sur un ton spécifique. Et le pastiche devient l'art de la citation ironique et distancée.

Le pastiche, c'est la troisième technique publicitaire qui privilégie le ludisme et installe la relation publicitaire/consommateur au niveau du jeu.

Les consommateurs sont désormais de vieux habitués des schémas publicitaires classiques. Les marques n'hésitent donc plus à caricaturer ces schémas. Pour cela, elles utilisent une mécanique qui leur permet de reproduire ces ficelles, tout en prenant du recul. C'est un moyen d'utiliser, de récupérer à leur profit la lassitude que peuvent éprouver certains consommateurs à l'égard de la publicité banalisée et sans surprise à laquelle ils ont été habitués. Le pastiche, c'est l'imitation, le plus souvent dans un esprit de caricature.

Le pastiche vu par OMO

L'exemple de pastiche le plus connu est certainement OMO. La marque de lessive a réussi à se relancer sur ce principe créatif.

En 1989, la marque se portait mal. Après avoir tout inventé des codes lessiviers (*Side by side, Torture test*, souvenons-nous de la campagne des nœuds reprise par Coluche…), OMO s'essoufflait dans les années quatre-vingt.

La campagne diffusée, la « saga des métiers » était très affective. La marque présentait des « professionnels » : pêcheurs, couvreurs, boulangers… illustrant la France « profonde » au sens noble du terme. Chaque film se déroulait dans un village. Leurs femmes déclaraient utiliser OMO.

Dans un univers très disputé, où ARIEL et SKIP rivalisaient de démonstrations de leurs performances technologiques, la stratégie « affective » a montré ses limites. Les scores d'agrément étaient excellents, tout le monde adorait OMO, mais plus personne ne voulait l'acheter. On jugeait sa performance insuffisante et OMO commençait à représenter la France du passé.

Quelques tentatives furent faites à la fin des années quatre-vingt pour moderniser l'image de marque, mais sans grand succès : les parts de marché continuaient à s'effriter régulièrement. Il fallait un traitement de choc. Les objectifs marketing étaient simples : rajeunir un profil d'image vieillissant, développer la présence à l'esprit et associer la notion de performance à la marque.

La naissance de la campagne « des singes » est empirique, elle s'est faite par « tâtonnements successifs ».

Les créatifs, en voyage au Maroc, se rendent compte qu'ils comprennent presque mot pour mot les pubs lessivières marocaines, pourtant en arabe. Et pour cause, les mécaniques sont strictement les mêmes que celles des pubs françaises ! D'où l'idée d'inventer un nouveau langage qui pasticherait le langage traditionnel des ménagères. Le langage est inventé et appliqué à des humains. Les tests sur dessins animés fonctionnent très bien, et les films sont produits. Mais l'étape suivante est surprenante : les films de nouveau testés, s'avèrent décevants. Les consommatrices estiment qu'on les ridiculise avec un pareil langage. Confrontés au choix de devoir renoncer ou d'aller plus loin, annonceur et agence décident de pousser la logique à son terme et proposent de conjuguer ce langage avec des chimpanzés. Le principe est simple : les singes doivent reproduire les situations quotidiennes qu'on trouve généralement dans des pubs lessivières « banales » et imiter scène pour scène les mécaniques traditionnelles de ces dernières.

Dans la première phase de la campagne, les chimpanzés ne s'éloignent jamais de la cuisine et de la machine à laver. Et l'on assiste à l'arrivée des enfants singes tout tachés (énoncé du problème). La mère est affolée devant pareil désastre (dramatisation). L'arrivée d'Omo (solution au problème) détend la situation. Après une démonstration en bonne et due forme, la satisfaction de maman singe face à un résultat parfait se lit sur son visage (bénéfice fonctionnel et psychologique : un linge parfaitement propre, avec Omo on peut être tranquille).

La structure des films est facilement décodable et permet de délivrer sur un mode divertissant un message lessivier extrêmement banal, qui serait mal reçu sans sa transposition dans le monde des singes et de leur langage. Les messages sont courts (« touti rikiki, maousse costo », « basta les mégabeurks, flashi les coloris »...), facilement mémorisables et vont droit au but. Et la relation entre la marque et ses consommatrices s'enrichit d'une nouvelle dimension à laquelle nulle autre marque de lessive ne peut prétendre, la connivence. Les consommatrices comprennent le « poldomoldave » (c'est ainsi que s'appelle le langage des singes). Elles savent donc que la marque joue avec elles, leur fait un clin d'œil en tournant en dérision les pubs habituelles. Implicitement, la marque émet un point de vue sur la pub lessivière : si elle la pastiche, c'est parce qu'elle la trouve inintéressante. Comme par hasard, les consommatrices partagent ce point de vue et se sentent donc sur la même longueur d'onde que la marque. OMO gagne ainsi en proximité et en complicité.

Les résultats sont là. Le principe de la caricature est génial car il permet à la marque de faire le travail d'une pub « normale ». En imitant au plus près une pub traditionnelle, on délivre le même message sur l'efficacité et la propreté, éléments qui sont absolument nécessaires sur ce marché.

Mais on enrichit la marque d'une dimension supplémentaire : la connivence. OMO réussit à créer une relation ludique avec ses consommatrices, là où toutes les marques concurrentes communiquent sur le ton du devoir, de la dramatisation, de l'ennui (« votre linge est sale, c'est grave, vous devez utiliser ma marque pour être enfin propre »).

Les résultats publicitaires remettent la marque dans la course de ce marché très compétitif : au-delà de l'impact, qui fait que la campagne est vue de tous, le profil d'image s'améliore. L'efficacité perçue d'OMO est bien meilleure, la marque est jugée moderne alors qu'elle était vieillotte. Elle s'approprie des valeurs d'humour, de sympathie.

Les bonnes performances publicitaires ne sont jamais sans relation avec les parts de marché. Celles-ci ont bondi après le lancement de la campagne, effectué sur la version Micro en 1991, et continuent à bien se porter alors que la marque n'a pas annoncé d'innovation forte depuis le lancement de cette variante et investit moins que ses grands concurrents.

La mécanique a fait des émules sur tous les marchés, à différents niveaux. Plutôt que d'inventer, de nombreuses marques cherchent à donner un second souffle à leur communication en s'inspirant de techniques publicitaires existant sur d'autres marchés.

Ainsi LES 3 SUISSES pastiche un des attributs des pubs lessivières traditionnelles (encore elles !) en écrivant sur ses pubs « Enrichi en créateurs » dans un éclaté rouge, type promotionnel. Un simple clin d'œil créatif, la stratégie restant « traditionnelle ».

Ou encore, ORANGINA ROUGE a connu un vrai succès d'impact en pastichant l'univers du film d'horreur. TWIX a trouvé sa recette publicitaire en pastichant des films connus comme les James Bond.

Le film Kung Fu de LEVI'S pastiche les films de karaté traditionnels et la fameuse scène d'Indiana Jones où Harrison Ford abat froidement son adversaire gesticulant.

Les matelas DUNLOPILLO ont pastiché les films d'aliments pour chiens, « Moi, mon mari, je lui donne le matelas DUNLOPILLO avec la bi-portance. La bi-portance, c'est plein de bonnes choses. C'est bon pour son corps. C'est bon pour son équilibre. Son poil est plus beau. Il est plus affectueux aussi… ».

De même, le lancement du bonbon chocolaté DAIM a été fait par l'agence Young et Rubicam sur le ton du pastiche d'un concurrent fameux, les bonbons MON CHÉRI de FERRERO. La pub MON CHÉRI adopte une voix off qui explique que Christine peut recevoir des amis à l'improviste en toute sécurité, elle est sûre qu'elle pourra leur faire plaisir car elle a toujours des MON CHÉRI.

> **D**aim pastiche ce principe de la voix off commentant le film. Bernard prend rendez-vous au téléphone avec Brigitte, sa potentielle petite amie, qui lui demande d'apporter des DAIM. Et voilà que, le soir, il arrive chez elle avec des Daims (les animaux). La voix off commence, façon MON CHÉRI : « Aïe ! Aïe ! Aïe ! Bernard n'a rien compris, il n'aura jamais de rapports avec Brigitte, il a confondu le Daim, ami de l'homme, avec le DAIM, le surprenant chocolat au cœur de caramel très fondant. »

La façon de filmer, la musique, le principe de la voix off, le ton, tout rappelle dans ce film le très traditionnel MON CHÉRI.

Comment fonctionne le pastiche ?

On le voit, les agences n'hésitent plus à aller emprunter à d'autres marchés leurs sources d'inspiration : un moyen facile d'ajouter un peu d'humour à leurs campagnes. Il s'agit de jouer avec la connaissance médiatique des consommateurs. Pour ce faire, on identifie un champ médiatique bien connu de tous et de préférence très typé : les films d'horreur, la pub lessivière, James Bond…

On en livre une interprétation caricaturale et distancée. Implicitement, on émet donc un point de vue sur ce style médiatique. En pastichant FERRERO, DAIM suppose que les pubs du chocolatier sont sans intérêt. En pastichant la pub lessivière, OMO prend ses distances avec celle-ci. Il faut donc soigneusement choisir le champ que l'on va pasticher : il doit fortement véhiculer du sens. Et la marque doit s'assurer que le point de vue qu'elle va porter sera partagé par les consommateurs.

En les amenant à partager un point de vue similaire au sien, la marque crée une proximité. Elle montre clairement qu'elle est sur la même longueur d'onde que ses consommateurs.

La mécanique est la même qu'entre deux êtres humains : vous rencontrez quelqu'un au cours d'une soirée. Vous échangez des points de vue. Si vous partagez les mêmes opinions, il y aura une proximité de pensée et un courant de sympathie.

Elle contraste fortement avec les anciennes mécaniques publicitaires : ce qui est travaillé n'est pas la séduction premier degré ou la persuasion. C'est la relation. Le pastiche vise à installer une relation très postmoderne de séduction distancée. La marque vise à divertir, à faire sourire et séduira de cette façon plutôt qu'en imposant des clichés.

Le postulat de base précisant que la pub est là pour faire vendre est désormais connu de tous. Alors, autant prendre ses distances et développer un ton ludique, des valeurs d'humour et de connivence, bref jouer avec ses consommateurs.

C'est sur le même terrain, mais plus directement, que travaille la mécanique de la récupération.

La récup', une technique qui fait son chemin

Le principe de la récup' est proche de celui du pastiche : utiliser un matériel culturel commun entre une marque et ses consommateurs. S'en servir pour récupérer les valeurs qu'il véhicule, ou profiter de sa notoriété. Ou encore émettre un point de vue sur ce que l'on récupère, de préférence partagé par les consommateurs. Mais à la différence du pastiche, la récup' ne passe pas forcément par l'imitation d'un style ou d'un film faite de manière caricaturale. Elle prend des formes variées et parfois inattendues.

La récup' positive

C'est le cas classique. Une marque souhaite s'approprier les valeurs d'un film, d'un programme... ou sa notoriété. C'est ainsi que VIZIR a durement négocié pour obtenir les droits d'utilisation du dessin animé *Les Simpsons* pour le lancement de sa variété poudre. Le positionnement de cette variété avait pour objectif d'être complémentaire avec celui des autres marques de PROCTER & GAMBLE, notamment d'ARIEL et DASH. ARIEL préempte le territoire de la propreté impeccable. DASH celui du deux en un (lessive et adoucissant). Il fallait donc trouver un territoire qui ne leur fasse pas d'ombre.

Le choix a été fait de positionner VIZIR au niveau européen sur l'efficacité auprès d'un certain type de taches, les taches corporelles (sueur, noir de cou, urine, chaussettes...).

Le problème était que le positionnement s'avérait difficile à véhiculer en communication. Dès qu'on parle à une ménagère de ses taches corporelles ou de celles de son mari, elle cesse de s'identifier : « C'est sûrement très bien, mais ce n'est pas mon problème. » Et pourtant, ces taches existent.

Pour faire passer le message, VIZIR a décidé d'utiliser les Simpsons. Les valeurs qu'ils représentent illustrent la problématique des taches corporelles. C'est une famille bien « cracra » qui accumule ce type de taches et dont chacun des membres rivalise dans le dégoûtant.

On ne joue pas sur un ressort d'identification des consommateurs, mais plutôt sur le fait de faciliter la compréhension et surtout l'acceptation d'un message difficile. On utilise pour cela l'humour qui a fait le succès de la série aux États-Unis et en Europe, sans oublier le fait de créer l'événement autour du lancement de Vizir en poudre.

Cette technique de plus en plus utilisée par les marques s'adapte à une grande diversité de marchés et de cibles. Quelques exemples, n'ayant aucune prétention à l'exhaustivité le prouvent.

En Angleterre, Vodaphone n'hésite pas à utiliser le style *X-Files* pour montrer qu'il s'agit d'un réseau qui facilite les communications (même avec l'au-delà). En France, la BNP a récupéré les valeurs positives et l'imagerie du film français des années cinquante, du type *Les Tontons flingueurs*. Carte noire fait référence à Tennessee Williams pour signer ses messages « Un café nommé désir ». Veet n'hésite pas à signer « Mission impeccable » sur une musique rappelant en tous points celle de la série *Mission impossible*. Levi's récupère l'univers du film noir des années cinquante, ou s'inspire directement de films ayant une patte, un regard artistique sur les choses. C'est ainsi qu'on voit dans un film Levi's deux jeunes gens épris de liberté (*Freedom to Move*) traverser les murs, avant de s'élancer et de monter à la verticale sur d'immenses troncs d'arbres. Scène directement empruntée au film *Tigre et Dragon*.

La publicité s'est toujours inspirée de son environnement culturel. Cependant, il semble que les créatifs utilisent de manière croissante les matériaux culturels existants.

Peut-être faut-il voir là la difficulté d'inventer des scénarios entièrement nouveaux ? De plus en plus rares sont les idées aussi nouvelles que celle des Japonais : *Cup Noodles*, multi-primée au Festival de Cannes. La marque mettait en scène une tribu préhistorique, cherchant à se nourrir, sous la menace des terrifiants animaux de l'époque, pour rebondir sur la praticité de leurs produits (des sortes de Bolino…), beaucoup plus simples à trouver et utiliser qu'à l'époque de Cro-Magnon.

Peut-être est-ce dû à l'interpénétration croissante des différents domaines culturels ? Les frontières entre les disciplines s'atténuent. Chacune d'elles se nourrit d'emprunts.

L'art moderne reposait sur le culte du nouveau. Il revendiquait l'invention. Ezra Pound disait que « les arts modernes ont une obligation spéciale, un devoir d'avant-garde, d'être en avance sur l'époque et de la transformer ». Picasso a rompu avec les impressionnistes et chaque génération d'artistes modernes a inventé ses propres codes d'expression jusqu'à Jackson Pollock.

L'art postmoderne est marqué par l'ironie, la parodie, l'éclectisme, le quotidien. Ce sont les boîtes de conserve de Wharol ou les emprunts à la BD de Lichtenstein. Comme l'écrit Stephen Brown dans *Postmodern Marketing*, l'art postmoderne « souligne une croyance que l'innovation est morte, que la seule façon d'aller de l'avant est d'adopter ou de s'approprier des styles préexistants ».

Pourquoi n'en irait-il pas de même avec la publicité qui, multipliant les emprunts, ne fait rien d'autre que de refléter l'esprit de son époque ?

Les publicitaires et les marques y trouvent leur compte. La technique s'avère efficace. En reprenant les codes d'un feuilleton TV ou d'un mouvement musical bien connu, une marque n'a pas à installer le sens de ces emprunts. Il est déjà bien connu du public. Par exemple, VODAPHONE invente une histoire mystérieuse autour de phénomènes paranormaux. En utilisant les codes et la musique de *X-Files*, la marque arrive beaucoup plus facilement à installer une atmosphère de mystère, immédiatement perçue par les consommateurs. Il suffit de s'imaginer une seule seconde la musique de X-Files pour se rendre compte du sens qu'elle véhicule.

D'autre part, la marque s'inscrit dans l'air du temps, vit avec son époque. Et enfin elle trouve un nouveau moyen de jouer avec la culture médiatique de ses consommateurs. Ceux-ci reconnaissent la musique, l'état d'esprit de X-Files, et se sentent donc valorisés. Ils ont reconnu et en plus la marque fait référence à un feuilleton qu'ils apprécient. Bien vu. Un courant de sympathie passe immédiatement entre la marque et les téléspectateurs.

La récup' négative

Comme PERRIER, CRUNCH est une marque publicitaire. La communication importe plus que le produit. Ce dernier ne présente pas de véritable point de supériorité par rapport aux concurrents. Mais il est vendu 30 % plus cher. Pourquoi ? Parce qu'il a réussi à créer un véritable attachement à la marque en 30 ans de publicité.

Son historique publicitaire est brillant. Certains films ont marqué leur époque (souvenez-vous du film *Le Kiosque à musique* où une adolescente détruisait un orchestre de musique classique) et ont contribué à lancer de nouveaux réalisateurs (Jean-Paul Goude…).

En revanche, le produit offre peu de spécificités par rapport à la concurrence, les tablettes de riz soufflé. Après une période où CRUNCH avait perdu sa dynamique publicitaire et multiplié les aller et retour créatifs, la marque s'essoufflait. Elle devait se relancer pour rester dans la *shopping list* des adolescents et cultiver les valeurs qui avaient fait son succès dans les années quatre-vingt. CRUNCH a trouvé la recette en s'amusant des sitcoms, alors incontournables.

> **U**ne jeune fille s'ennuie en regardant la télévision. Elle zappe en croquant du CRUNCH. Elle réalise que la consommation de CRUNCH a un effet destructeur sur une émission. Elle s'empare alors de la télécommande, zappe jusqu'à trouver le bon canal, celui d'un sitcom du style *Hélène et les garçons*, et « crunche » intentionnellement l'émission. Immédiatement, tout s'écroule sur le plateau. La jeune fille part alors dans un grand rire satisfait. Signé « CRUNCH croustille à tout casser. »

En récupérant les sitcoms. CRUNCH a visé juste. Le film fonctionne à trois niveaux :

- *Il s'agit d'un type d'émission que les adolescents, cible prioritaire de la marque, « adorent détester ».* Bien qu'ils les critiquent vivement pour leur supposée stupidité, ils sont à l'affût de ces programmes.

  L'émission détournée a mis toutes les valeurs négatives qu'elle suscite au service de la marque. En dénonçant la bêtise des sitcoms par son acte destructeur, la marque émet un point de vue généralement partagé par les ados. Elle se rapproche donc d'eux, sur le même mode ludique et avec la même connivence que le pastiche.

- *En « crunchant » les sitcoms*, sujet d'actualité au moment du lancement du film (nombre d'articles critiques étaient émis sur le sujet, on commentait volontiers la stupidité de l'épisode de la veille…), CRUNCH s'installe dans l'air du temps, dans le quotidien des adolescents.

- *La marque se montre fidèle et cohérente par rapport à ses valeurs centrales*, celles qui ont fait son succès dans les années soixante-dix et quatre-vingt : la jeunesse, l'impertinence, l'autonomie et l'humour. Mais CRUNCH les actualise.

Aux jeunes qui crunchaient les aspects ennuyeux de la culture de leurs parents (le kiosque à musique classique), succèdent les jeunes qui crunchent ce que le monde qui les entoure a de stupide, les diverses manipulations dont ils peuvent faire l'objet dans notre société.

Le tout servi par la merveilleuse interprétation de la jeune actrice Emma de Caunes qui jouait le rôle de la « cruncheuse ». Les résultats ont été à la hauteur des ambitions : ce film a marqué une étape et CRUNCH s'est remis avec brio dans la course aux parts de marché. Sur le plan stratégique, CRUNCH, malgré son grand âge, a réussi à se réimposer dans le paysage des marques clés des adolescents. Les films qui ont suivi, par exemple celui où deux adolescents « crunchaient » un film ennuyeux au cinéma, ont partagé la même mécanique.

La récupération est une technique qui séduit de nombreux publicitaires. Aux États-Unis, où la législation le permet, ils n'hésitent même plus à récupérer la publicité de leurs concurrents.

PEPSI joue parfaitement son rôle de challenger turbulent en s'attaquant régulièrement à COCA-COLA. Lors de la finale d'un récent Superbowl, la marque s'est amusée à récupérer un des codes publicitaires de COCA connu de tous et dont la marque est devenue « propriétaire » dans l'esprit des consommateurs : les ours.

> **Et** l'on voit un groupe d'ours qui, « comme tous les ans à la même date », nous dit la voix off, viennent réclamer leur lot de PEPSI dans un petit village des Rocheuses américaines. Arrivés devant le bar de la rue principale, ils se mettent, magie des effets spéciaux, à danser sur le tube légendaire *In The Navy* du groupe Village People. L'effet comique est garanti. L'humour complice aussi. PEPSI sait se moquer gentiment des ours de son concurrent et les détourner à son profit. Gros succès aux États-Unis.

Kitsch, *no bullshit*, pastiche, récupération... autant de façons d'approcher la créativité publicitaire dans un même état d'esprit : jouer avec la culture médiatique de ses consommateurs.

Si elle parvient à installer la relation au niveau du jeu, la marque a gagné. Les consommateurs lui sauront gré d'avoir su les divertir, partager leur vécu et même leurs analyses sur la société qui les entoure. D'avoir su dépasser le champ de la publicité traditionnelle pour aller jouer sur les domaines de la séduction, du ludisme. D'une relation fondée sur la persuasion et la conviction, ou sur la projection dans des modèles qui ne font plus rêver personne, les marques construiront des liens de complicité avec leurs consommateurs. Un autre moyen de les amener à soi et de les fidéliser...

CHAPITRE 2

La marque devient un spectacle publicitaire

NIKE, LEVI'S, COCA-COLA, PEPSI, BUDWEISER, ABSOLUT VODKA... autant de marques qui ont délibérément changé de registre publicitaire. Elles ont abandonné les vieux standards de la pub pour explorer une nouvelle dimension, celle du spectacle. Pas du spectaculaire, façon années quatre-vingt ! Mais du divertissement, de l'humour, de la créativité.

Après s'être longtemps contentées de proposer des modèles dans lesquels les consommateurs s'identifiaient, elles fuient délibérément le réalisme. Elles composent leurs campagnes de petites scènes originales et décalées visant à surprendre, divertir, et donc séduire le consommateur. Pour ce faire, elles n'hésitent pas à fragmenter leurs campagnes en de multiples exécutions, abandonnant les vieux principes de la cohérence formelle. Chaque nouveau film se différencie des autres. L'effet de campagne est simplement assuré par le respect rigoureux d'un nombre limité de valeurs centrales.

La société postmoderne se fragmente en de multiples sous-groupes. L'individu lui-même s'éparpille, obéit à des logiques différentes selon les moments de sa vie. Les marchés et les médias l'encouragent en segmentant leurs cibles toujours plus finement. Il eût été surprenant que la publicité ne s'approprie pas cette révolution « lourde » des comportements. En morcelant ses campagnes, en multipliant les exécutions, les publicitaires s'inscrivent à leur façon dans une époque dispersée. En privilégiant le spectacle, ils en viennent à inventer un nouveau mode de communication, négligeant le produit qui sert de prétexte à l'*entertainment*. On ne cherche plus à convaincre, on cherche à divertir. On ne s'adresse plus à un consommateur, on s'adresse à un téléspectateur !

Une société fragmentée

L'ère moderne proposait une vision universelle de la société et un système de valeurs qui opérait comme un fort ciment social. Les clivages sociaux étaient donc plutôt liés à la classique division capitaliste de la société en classes sociales qu'à des systèmes de valeurs différenciés. À ces logiques de clivages verticaux succèdent de nouvelles logiques horizontales.

Dans *Le Temps des tribus*, le sociologue Michel Maffesoli explique comment la société se divise en de multiples communautés. La vision moderne de la société était universelle et globalisante. Elle est remplacée par une pluralité de micro-visions spécifiques à chacune de ces tribus.

Ces dernières ne se constituent plus en fonction d'éléments rationnels. Au contraire, la dimension affective est extrêmement importante dans la formation des tribus. La logique rationnelle fait place à une logique émotionnelle. Ce sont des aspirations communes, des centres d'intérêt partagés qui président à la formation des nouvelles tribus. Michel Maffesoli appelle cela le principe des « affinités électives ».

Selon lui, la société bourgeoise de l'ère moderne impliquait le développement de l'individualisme. La postmodernité, quant à elle, sera dominée par la notion de communauté, par la recherche de lien social. Cette logique de rétrécissement sur le groupe a une contrepartie positive, l'approfondissement des relations à l'intérieur de la communauté. Et naissent de nouveaux réseaux de solidarité.

Ce point de vue est partagé par de nombreux acteurs de la recherche marketing. Ainsi, Bernard Cova précise à la revue *Futuribles* que si jusqu'alors les produits servaient avant tout à se forger une identité (« je suis ce que je consomme »), on leur demande aujourd'hui de créer du lien social. Il constate le retour du désir de se relier aux autres, de participer à des communautés diverses. Et la consommation est un des théâtres de cette évolution. Bernard Cova cite l'exemple du bricolage, un marché en expansion « où la logique du lien apparaît devoir entraîner une mutation de la consommation avec des conséquences au plan de la distribution ». Le bricoleur est de plus en plus souvent partie intégrante d'un réseau d'amis partageant le même centre d'intérêt. Et il est prêt à contourner les centres de distribution traditionnels pour fonctionner selon des « tuyaux » circulant à l'intérieur du réseau. Les chaînes de distribution s'adaptent à la nouvelle donne. Ainsi LEROY-MERLIN a créé la « Fête de la réussite ». Il s'agit d'une période promotionnelle à l'extérieur du magasin qui, autant qu'un lieu d'échange, devient « un lieu de lien », où l'on se rencontre et partage des expériences. C'est probablement une des nouvelles facettes du marketing : créer du lien (clubs d'utilisateurs, soirées d'échanges…), intégrer le phénomène des tribus pour développer un marketing de plus en plus orienté sur la notion de communauté.

Les néo-tribus sont disparates. Elles concernent plusieurs facettes du champ social. Quelques exemples peuvent nous aider à cerner un concept un peu abstrait.

Les minorités sexuelles

Tout mode de vie devient légitime. Le point de vue sur l'homosexualité évolue. Ce que l'on considérait comme une sexualité déviante, voire dans le pire des cas comme une maladie, se normalise et devient la simple revendication d'une différence.

Les communautés gay et lesbiennes se rassemblent et s'organisent. Elles se structurent désormais autour de lieux de rencontre, d'organes médiatiques, de représentants qui n'hésitent plus à prendre des positions publiques. Face au sida et aux vestiges de l'incompréhension, de nouvelles solidarités se créent, la conscience du lien unissant les membres du « réseau » se renforce.

La tribu personnelle, celle du cercle d'amis

C'est le clan. Il est souvent constitué d'un groupe exclusif assez peu perméable aux apports extérieurs. Ses membres se retrouvent régulièrement autour d'occasions codifiées (dîner, cinéma…). Il pourrait être illustré par le succès durable de la série *Friends*. À l'âge de l'éphémère, un tel succès ne peut s'expliquer que par l'ancrage dans des valeurs sociétales de fond. Ici, le besoin de se retrouver au sein d'un groupe restreint avec qui on peut partager tout ou presque. Si ces groupes sont peu perméables à l'environnement extérieur souvent considéré comme une menace, ils développent le lien et la solidarité à l'intérieur du groupe, cherchent à développer des rapports « vrais ».

La succès inattendu des SMS s'ancre pleinement sur la tribu personnelle. La marque « préhistorique » de *pagers* de FRANCE TÉLÉCOM avait inventé le concept en orientant sa communication sur le besoin permanent des membres des tribus modernes de rester en contact (« TATOO, et votre tribu garde le contact avec vous »). Les SMS poursuivent sur la lancée de TATOO. En développant leur propre langage, le TEXTO, qui est seulement compréhensible par la tribu, il la dissocie du reste du monde. En cryptant sa signification, le langage TEXTO remplit une des fonctions de base de la langue identifiée par les linguistes : la fonction grégaire. Rassembler, unifier la tribu, la différencier du reste du monde.

Les tribus « socio-démographiques »

Le film de Matthieu Kassowitz *La Haine*, au-delà de son discours sur le mal-être des banlieues, avait révélé au grand public la culture des cités. Il montre combien l'écart entre les jeunes des banlieues et le reste de la société, dite intégrée, se creuse. La bande de copains (les « lascars ») a une importance toujours plus affirmée. C'est avec elle qu'on traîne, qu'on occupe son temps libre, à elle qu'on demande un coup de main. Elle a son propre langage (les *téci*, le *posse*/la bande de copains, les *tassepés*/les filles, la *caillera*, appellation générique des jeunes rappers issue du mot racaille…), ses codes, son look, construit à partir de marques fétiches, ses médias (par exemple, les magazines *L'Affiche* ou *Get Busy*…). Du Saint-Denis style, chanté par NTM, aux Bads Boys de Marseille, un point commun chez ces jeunes : la contestation de la société établie et du racisme, la volonté de trouver les moyens d'échapper à leur destin, de se construire une vie plus ouverte que celle de leurs parents. Leur philosophie, on la trouve dans les paroles de leurs chansons. « Dans les quartiers de ceux qui souffrent/Y a comme une odeur de souffre/Mais qu'est-ce qu'on attend pour foutre le feu/Juste d'être un peu plus nombreux », chantent Kool Shen et Joey Starr, le duo de NTM. Cette culture se popularise. Ses groupes phares comme IAM, Doc Gyneco, NTM ou Ministère Amer, accumulent les performances au Top 50 et flirtent avec le million d'exemplaires vendus, ou font les BO de films grand public comme *Taxi*. Mais elle ne se dissout pas dans le système commercial. Elle conserve l'homogénéité d'une tribu à part entière, dont les codes différencient immédiatement l'initié du néophyte. À l'intérieur de la tribu ou du clan, une nouvelle solidarité émerge, en opposition avec le monde extérieur. N'oublions pas qu'une des marques cultes du monde du rap s'appelle FUBU : « For us, by us » ! Et NTM de rappeler dans *That's my people* : « On ne veut plus subir et continuer à jouer les sbires/Sache que ce à quoi j'aspire, c'est que les miens respirent ».

À l'intérieur de la tribu techno

La culture techno n'est pas anecdotique. Véhiculant une odeur de souffre due aux polémiques suscitées par les problèmes de drogue et de nuisances pour le voisinage, la culture techno fait son chemin vers la reconnaissance. En témoigne le succès de grands festivals, comme Boréalis, à Montpellier, qui rassemble aisément jusqu'à 25 000 personnes. Ces chiffres d'affluence sont fréquemment atteints lors de *rave parties* à Bercy ou même largement dépassés lors de manifestations européennes comme la Love Parade de Berlin. Et pour cause, le courant musical concerne des millions de jeunes Européens. On estime à un million par semaine, en Angleterre, les participants aux fameuses *rave parties*.

À l'instar du phénomène que l'on observe dans les banlieues, une véritable culture s'est constituée autour du mouvement techno.

Elle est cristallisée par les *raves*, ces grandes fêtes païennes, qui sont le lieu de communion des adeptes. Ou des *teknivals*, des méga *free raves* (c'est-à-dire gratuites) qui peuvent durer jusqu'à cinq jours, tout en se déplaçant dans une région. Le mythique *teknival* fondateur a eu lieu en 1994 à Beauvais et depuis, ces événements rencontrent un succès croissant en France. Ils peuvent se dérouler dans toutes les régions et évoluent en fonction des autorités. En témoigne un *teknival* organisé en Camargue, qui a du être interrompu. Qu'à cela ne tienne, les *techno travellers* ont émigré ailleurs, où les autorités les ont immédiatement délogés. Ils se sont donc retrouvés dans un endroit perdu des Cévennes, aux alentours du mont Aigoual où, malgré le froid, la fête a pu continuer.

Qui dit *free rave* dit culte du secret : on ne connaît les lieux où elles vont se dérouler qu'en consultant les fameuses *infolines* ou des messages codés sur internet. Sur l'*infoline*, un lieu de rendez-vous type parking d'hypermarché, en général à 70 km du centre ville, est annoncé. Le lieu définitif n'est dévoilé que plus tard, une fois que les participants sont réunis sur le parking. Il peut être à l'intérieur d'un hangar désaffecté comme à l'extérieur, dans une clairière.

Les tendances musicales diffusées mettent en avant la complexité du mouvement techno. Seuls les initiés peuvent s'y retrouver : Acid-core, Trans, Goa, Transcore, Hardcore, Ambient... Plus d'une dizaine de courants musicaux différents, représentés chacun par des DJ's se cachent derrière l'appellation générique techno.

Celle-ci s'accompagne cependant d'autres signes qui fonctionnent comme des codes d'identification. Le look bien entendu : *piercing*, vêtements ultra amples, motifs extrême-orientaux... Mais aussi la culture de l'ecstasy. Elle est « riche », les adeptes peuvent en parler pendant des heures. Des diverses sensations procurées par les multiples pilules. De l'effet comparé de la *X-Files* par rapport à la Popeye ou la Spiderman... Enfin, un vocabulaire commun et spécifique joue son rôle de ciment. Des expressions comme « c'est de la balle », signifiant « c'est trop bien », sont exclusives au mouvement. Comprenne qui pourra !

Derrière un mouvement apparemment individualiste (on a tous en tête les images de ces jeunes en train de danser comme des automates dans les *raves*, déconnectés les uns des autres, dans une sorte de transe personnelle), se dissimule une véritable identité collective. C'est surtout après les *raves*, ou lors de leur préparation, que l'échange se fait, que liens se tissent. La complexité de la culture crée du sentiment d'appartenance.

Autant d'éléments formateurs d'une tribu. Des codes, un look, une musique emblématique, des loisirs partagés, des pratiques exclusives, des objets cultes. Derrière tout cela réside une communauté émotionnelle, un besoin de lien. D'où la facilité de contact à l'intérieur du mouvement, son côté *peace*. Dans la mesure où chaque composante de cette culture est complexe et demande une connaissance relativement approfondie (culture de la musique, de l'ecstasy...), il est facile de construire un sentiment d'appartenance au sein de la tribu. Ou d'exclusion pour les non-initiés.

Les tribus d'aujourd'hui présentent une spécificité forte par rapport aux mouvements des années soixante-dix. C'est leur aspect évanescent, éphémère. S'il y avait phénomène d'agrégation dans la contre-culture californienne des années soixante-dix illustrée par le mouvement hippie, ou encore dans le mouvement punk, il était exclusif. Aujourd'hui, l'adhésion à une tribu reste ponctuelle. Pour Michel Maffesoli, le néo-tribalisme est « caractérisé par la fluidité, les rassemblements ponctuels et l'éparpillement. On virevolte d'un groupe à l'autre ». C'est le mélange d'appartenances variées à différentes tribus, en fonction des moments, qui conduit à la culture plurielle de la société postmoderne.

Une fragmentation encouragée par le couple marketing/média

Dans son ouvrage *Breaking up America – Advertisers and the New Media World* paru aux États-Unis en 1997, l'universitaire Joseph Turow explique comment le passage du marketing de masse à un marketing finement ciblé contribue à diviser la société américaine.

Il précise que si le rôle consistant à formuler ce que la société doit être appartenait traditionnellement au système éducatif, à l'armée, à la loi, à la religion ou au système médical, celui-ci a été transmis au système médiatique. Et l'avenir des médias, notamment le développement d'internet comme outil de marketing personnalisé, favorisera certainement le développement du marketing *one to one*, c'est-à-dire sur mesure. Ce dernier ne pourra que renforcer le rôle actif de diviseur attribué au système marketing.

Les *media planners* des agences de publicité ciblent toujours plus finement les consommateurs. Pour Turow, les médias, dans l'espoir de mieux leur vendre leurs supports, répondent à la demande des agences en proposant des programmes toujours plus ciblés. Les chaînes TV se multiplient via le câble ou le satellite. Aujourd'hui le satellite est un des principaux postes, en termes de volonté d'équipement des ménages, juste après le téléphone mobile et devant le micro-ordinateur. Les chaînes thématiques ne concernant qu'une cible bien identifiée se développent. La plupart des fous de sport, de spectacle, de musique ou de voyages sont désormais équipés. Les nouveaux développements technologiques accélèrent ce processus : télévision interactive, Télévision numérique terrestre, *Pay per view*… autant de révolutions télévisuelles annoncées qui iront dans le sens d'une fragmentation plus grande des publics. La presse n'est pas en reste et se segmente toujours plus finement. La presse grand public compte 2 500 à 3 000 titres (source CRÉDOME, Centre d'études et de recherche des médias).

Certains segments sont le cadre du lancement de magazines toujours plus spécialisés. Il existe désormais une quarantaine de magazines traitant le sujet des jeux vidéo (*JoyStick*, *Joypad*…). Un seul point de vente présente en moyenne à ses clients 700 à 800 titres.

L'individu est passé d'une attitude passive, où il était exposé à un petit nombre de médias qui lui donnaient un point de vue, à une attitude plus active où il consomme les médias qui lui conviennent selon les moments et ses envies. Il devient un consommateur de programmes. Et au lieu de s'ouvrir sur d'autres champs par ses choix médiatiques, il se replie sur ses centres d'intérêt ou ceux de son réseau. C'est la fin de l'uniformité d'un message de masse au profit d'une parcellisation s'adressant de plus en plus à des ensembles particuliers.

Ainsi MTV, par exemple, qui de par la nature « segmentante » de certains de ses programmes, comme le dessin animé *Beavis and Butt-head*, tend à créer un sentiment d'appartenance, une culture partagée. Après l'avoir vu, on en parle. *A contrario*, l'émission va entamer un processus d'exclusion à l'égard des non-initiés, proposant par là même une cible toujours plus « pure » aux hommes de marketing.

Pour Turow, les *society making media* renforcent les clivages de la société américaine. Chaque sous-groupe va développer ses propres codes, sa propre vision de la société et du rôle qu'il doit y jouer.

Les principales « tribus » identifiées par Turow peuvent être des minorités ethniques (Noirs américains, Latinos, Asiatiques...), confessionelles (juifs, protestants...), sexuelles (lobbies homosexuels), ou comportementales (Génération X...).

L'auteur explique comment le système marketing parvient à renforcer le sentiment d'appartenance à chaque groupe social, impliquant une propension naturelle à la non-communication entre les différents groupes.

Par exemple, la cible des Noirs américains, après avoir été longtemps négligée des *marketers*, a révélé un potentiel séduisant du fait de l'apparition d'une classe moyenne noire. Des agences dirigées par des Noirs et spécialisées sur cette cible ont vu le jour, attirées par ce qu'elles appellent les *buppies* (*black urbanized professionnals*) par référence aux *yuppies* (*young urbanized professionnals*). Elles ont identifié des leviers spécifiques légitimant leur raison d'être, comme un achat plus orienté sur l'image induite du consommateur, le paraître, que dans les communautés blanches. Et elles ont organisé un marketing adapté. Des publicités où les comédiens sont noirs, diffusées sur des chaînes spécifiques ou lors d'émissions particulières ciblant cette minorité.

Nous sommes entrés dans l'ère du marketing de la personne, c'est-à-dire d'un marketing toujours plus ciblé et personnalisé, tendant vers le « sur mesure ». Cela est rendu possible par le développement de « méga-bases de données » extrêmement performantes, stockant un maximum d'informations précises sur le profil des consommateurs. Après avoir identifié des corrélations statistiques (comportements d'achat de segments de cibles, groupes de produits régulièrement achetés ensemble...), les sociétés peuvent développer un marketing d'une finesse croissante. Dans *Le Consommateur entrepreneur* Robert Rochefort souligne que :

> *« Ces techniques personnalisées comportent un autre danger, celui d'approfondir les différences sociales en matière de consommation, de fragmenter le tissu social. Plus on sera*

> *capable, pour chaque produit, de connaître avec la plus grande précision les caractéristiques du segment de clientèle qu'il séduit, plus on cherchera à en renforcer le marketing sur ces critères. C'est l'une des formes de l'éclatement du vivre ensemble qui caractérise la société de consommation. »*

On peut en effet s'interroger sur l'attitude des médias. En développant un traitement spécifique à chacun des sous-groupes sociaux, leur rôle dépasse celui du simple reflet. Ils prennent un rôle actif dans la fragmentation du social.

L'individu à géométrie variable

Directement issu de la pensée des Lumières, l'individu de l'ère moderne obéissait à une logique de l'identité. Autrement dit, il ne pouvait avoir qu'une seule identité sexuelle, idéologique, professionnelle... Le marketing en était facilité : on savait à qui l'on s'adressait.

L'individu postmoderne présente en revanche des contours indéfinis. Obéissant au principe des « sincérités successives », il est en état de « vagabondage affectif, idéologique et professionnel ». L'individu d'aujourd'hui est devenu fluide, éparpillé. Il n'hésite plus à virevolter d'une tribu à l'autre, et ses attitudes se fragmentent en fonction de ses aspirations, de ses émotions du moment. À une identité figée, succède un individu *work in progress*, qui se construit, s'invente au jour le jour. Guidé par la revendication du « droit d'être absolument soi-même », il multiplie des comportements qui pouvaient auparavant sembler contradictoires : « banquier le jour, *raver* le soir ! ». L'individu d'aujourd'hui est pluriel au point de devenir parfois schizophrénique.

Le comportement de consommation s'en trouve influencé. Il n'y a plus de logique de la panoplie comme on pouvait en trouver dans les années soixante-dix-quatre-vingt. Panoplie du jeune cadre dynamique griffé HUGO BOSS ou ARMANI et conduisant une BMW. Panoplie de la maîtresse de maison bourgeoise allant de la décoration de son appartement stylé, ROCHE ET BOBOIS ou LIGNE ROSET, à sa garde-robe, en passant par ses loisirs (ce qu'il faut avoir vu).

La consommation s'éparpille. Le consommateur devient expert, soucieux d'optimiser son pouvoir d'achat. Alors il n'hésite plus à

« slalomer » entre les marques, les types d'achat. Il se fait plaisir sur certaines marques, s'offre un bon restaurant de temps en temps. Mais en revanche, il n'est plus prêt à payer le prix fort sur des achats où son niveau d'implication est moindre. Il n'hésitera donc pas à imaginer des « combines » pour trouver les grandes marques à prix doux. En témoigne le succès des discounters comme LA CLÉ DES MARQUES ou X CENTER. Il peut même aller plus loin, comme le montre le renouveau du troc, illustré par le succès des Trocathlons, sortes de marchés où l'on peut échanger son vieux matériel de sport, organisés par les magasins DÉCATHLON.

Le développement de l'achat malin, du panachage des dépenses en fonction des moments et des envies, correspond aussi à une maturité du consommateur. Celui-ci, à l'école de la société de consommation depuis plus de trente ans, sait qu'il n'est nul besoin de payer systématiquement le prix fort pour obtenir les produits dont on rêve. Des émissions au succès établi comme *Capital* diffusé en *prime time* sur M6 le dimanche soir font l'éducation des « arnaques » et des « bons coups ». La nouvelle maîtresse de maison l'a bien compris. Elle n'hésite plus à recevoir avec des couverts en argent, tout en faisant ses courses chez ED L'ÉPICIER.

Les marchés se fragmentent à leur tour

Dès la fin des années soixante-dix, les besoins « basiques » des consommateurs, correspondant à la phase d'équipement des ménages en biens de consommation lourds (automobile, électroménager, immobilier…) ont été satisfaits. Le marketing s'est alors tourné vers une logique de segmentation fine. L'objectif était de différencier son offre en multiples produits, dont le look, le prix ou les fonctionnalités allaient correspondre à certaines catégories d'individus et non à la totalité de la cible.

Cette logique a deux principales justifications. D'une part, il faut différencier, donner l'impression du sur-mesure pour séduire un consommateur volatil qui ne souhaite pas forcément retrouver ses produits et ses marques fétiches chez son voisin. D'autre part, l'innovation industrielle est rapidement rattrapée par les concurrents, et même les marques de distributeurs. Pour conserver un avantage

© Éditions d'Organisation

compétitif, il faut donc innover encore et segmenter le marché entre l'offre « basique » et une offre plus sophistiquée. La complexité du marché de la lessive est à cet égard significative. La multiplication des marques et des formats est due à une double segmentation. Par les prix, avec trois niveaux de prix répondant aux trois principales attentes des consommateurs : prix bas (25-30 F) pour celles qui pensent que toutes les lessives se valent et ne veulent pas investir ; prix moyens (30-35 F) pour celles qui sont convaincues que les lessives bas de gamme font mal le travail, sans vouloir pour autant payer trop cher ; prix élevés (40 F) pour les impliquées, qui attendent la performance maximale.

À cette première segmentation s'ajoute celle des variantes. La poudre standard est concurrencée dans un premier temps (1989) par l'apparition des liquides. Puis par le lancement des poudres compactes en 1990. L'heure a ensuite été aux tablettes (lancées par SKIP en 1998) dont le format, qui a fait ses preuves sur le marché des produits de lavage pour lave-vaisselle, mise sur sa praticité pour assurer son succès.

Ce mouvement constaté sur le marché des lessives est bien entendu identique sur tous les marchés de grande consommation. Ainsi, le développement des séries limitées sur le marché automobile (par exemple, TWINGO EASY, TWINGO ÉLITE, TWINGO ALIZÉ, TWINGO KENZO, TWINGO JUNGLE, TWINGO PERRIER...). Ou encore le marché des dentifrices, du *pet food* (qui a récemment vu l'introduction « révolutionnaire » d'une variante poisson par FIDO, sur le marché des aliments pour chiens), des produits financiers...

Le phénomène de fragmentation croissante s'observe aussi sur le plan des réseaux de distribution. Après une phase de concentration sur la distribution de masse (hypermarchés toujours plus immenses), on est arrivé au développement parallèle de réseaux de distribution spécialisés. L'heure est aux chaînes de magasins : THE BODY SHOP spécialisé dans les produits naturels pour le corps et la maison, SEPHORA dans les produits de beauté, NATURE ET DÉCOUVERTES orienté sur les produits écolos. ANDASKA s'est lancé sur l'univers de l'*outdoor*. Les magasins de vêtements emboîtent le pas : CELIO a lancé une sous-marque CELIO SPORT. Dans un autre style, ARMANI est concurrencé par EMPORIO ARMANI, moins cher mais tout de même élégant, puis par MANI, plus orienté sport. La logique de segmentation est au service de la fragmentation.

La marque devient un spectacle publicitaire !

Fragmentation de la société en multiples tribus, de l'individu en comportements diversifiés et parfois contradictoires, des médias, des marchés… la société postmoderne a largué les amarres avec l'homogénéité moderniste.

Et les campagnes suivent le mouvement, se fragmentant elles-mêmes en multiples exécutions. Non pas pour répondre aux besoins spécifiques de différentes cibles, mais pour obéir à une logique de divertissement.

Fragmenter les campagnes pour renouveler l'intérêt que leur portent les spectateurs.

Cette évolution ne s'est pas faite en un jour. Elle résulte au contraire d'une lente évolution.

Les années soixante ont été marquées par l'explosion de la consommation. Celle-ci répondait à un besoin fonctionnel, l'équipement des ménages. Elle remplissait en parallèle une fonction imaginaire : témoigner de l'ascension sociale des consommateurs. La décennie a vu le débarquement en force de la publicité, encore appelée réclame : elle annonçait le lancement de tel ou tel produit ou innovation « révolutionnaire ». « Ça y est, on peut ! » proclamait OMO en 1968 pour présenter sa nouvelle formule qui pouvait fonctionner en machine sans excès de mousse.

Les années soixante-dix ont marqué la complexification de la société de consommation. Segmentation du consommateur toujours plus fine, correspondant à un développement rapide de l'offre. La publicité commence à valoriser l'individu. Elle sophistique ses scénarios et cherche à épouser les tendances sociologiques (libéralisation sexuelle, émancipation féminine). Elle développe la notion « d'aspirationnel », autrement dit utilise les professions à la mode (le chanteur, le journaliste…), dans lesquelles le consommateur se projette volontiers.

Les années quatre-vingt ont poursuivi le mouvement. L'individu n'était plus satisfait par une consommation de masse, il lui fallait des produits spécifiques, correspondant à la tonalité individualiste de l'époque.

57

La publicité a souvent présenté des modèles sociaux archétypaux. La mécanique était simple : « Regardez-les, ils sont beaux, ils sont riches, ils sont jeunes. Même sans vous l'avouer, vous rêvez de leur ressembler. » En présentant des situations, des activités ou des personnes idéalisées, les publicitaires cherchaient à créer un phénomène d'identification du consommateur, flattant par là même son narcissisme : « En consommant mon produit, vous leur ressemblerez ! » Cette mécanique a vu l'éclosion de la vague des films dits *lifestyle* ou « style de vie », qui s'est développée sur tous les marchés ciblant les jeunes et a été adoptée par la plupart des grandes marques. Ces films présentent généralement, sur fond musical des groupes de jeunes pratiquant les activités sportives les plus « tendance » du moment. HOLLYWOOD CHEWING GUM, MARS, COCA-COLA et les autres, ont donné au *lifestyle* ses lettres de noblesse.

L'historique de la marque de barres chocolatées NUTS est représentatif des grandes évolutions publicitaires de ces mécaniques. Après avoir concentré sa communication des années soixante sur les noisettes, sur fond musical du ballet *Casse-Noisette* de Tchaïkovski, elle a fait frémir ses jeunes consommateurs en 1973-1974 avec une campagne surfant sur la libéralisation sexuelle. Dès 1978-1979, elle a utilisé les professions aspirationnelles du moment (journalistes, joueurs de foot, chanteurs…) pour mettre en scène son produit.

Les années quatre-vingt l'ont vu évoluer vers le *lifestyle*, ce merveilleux univers idéalisé. La chanson du film de 1984 disait :

> « *NUTS, c'est faire chanter le vent, c'est vivre dans l'air du temps, sentir dans son corps passer l'énergie (plans de planche à voile). Nuts, c'est mordre dans la vie avec les amis (plan tennis/plan produit). Jouer, courir, rêver, ou aimer (plans gymnastique et escalade).*
> *Tu t'en vas, tu décolles, comme un oiseau qui vole, musique dans l'arc-en-ciel, énergie et soleil.* »
> *Signature : « Nuts, mordez dans la vie ».*

Seulement quinze ans nous séparent de ce film ! Et pourtant, ce style de pub nous semble bien éloigné. On pourrait certainement le mettre sur les ondes aujourd'hui, mais au second degré, pour jouer sur le côté décalé. Ce qui traduit une évolution considérable du consommateur, qui n'est plus réceptif au fait de se voir représenter au premier degré sur le mode « Vous êtes ou vous rêvez d'être comme ça ! En consommant ma marque, vous le deviendrez un peu ».

Et pour cause : l'individu ne se sent plus unitaire, aux contours bien définis, mais pluriel, enclin à faire varier son comportement en fonction de ses envies du moment. Comment alors espérer le représenter, le résumer, dans un film de 30 secondes ?

La solution : ne plus représenter l'individu ni dans des situations quotidiennes ni dans un monde idéal.

Les publicitaires auraient pu tenter l'exercice difficile de fragmenter leurs campagnes en fonction des différentes tribus ciblées. Mais comment adopter ce type de démarche sans risquer d'atomiser la marque ? Signifiant tout pour tout le monde, elle finirait par ne plus rien signifier pour personne. Ses valeurs et son profil d'image se dilueraient. Multiplier les films ou les annonces presse pour serrer au plus près un individu toujours changeant et fluctuant présenterait les mêmes risques. Sans parler du coût dissuasif d'une telle politique.

Ayant écarté l'option qui aurait consisté à diviser les campagnes pour répondre à un public divisé, les publicitaires ont trouvé une astuce : fédérer autour d'une valeur consensuelle, capable de séduire chacune des différentes tribus. Et décliner cette valeur en de nombreuses exécutions.

La logique qui a prévalu est celle du spectacle. De porteuse d'un message sur son produit ou sa vision du marché, la marque se transforme en spectacle publicitaire ! Et ce qu'elle a à proposer devient moins important que la façon dont elle le propose.

Attention, spectacle ne veut pas forcément dire grand spectacle et productions coûteuses. Les années quatre-vingt nous ont habitués au grand spectacle. C'était le principe de la *star strategy* de Jacques Séguéla. Les marques étaient considérées comme de véritables stars qu'il fallait traiter comme telles en publicité. Aujourd'hui, les publicités « grand spectacle » ont tendance à s'effacer.

Le mot spectacle signifie plutôt divertissement. Amuser le consommateur, le distraire, lui faire passer un moment agréable en compagnie de la marque.

Le spectacle/divertissement s'est substitué aux traditionnelles mécaniques publicitaires sur de nombreux marchés.

Deux grands modèles ont longtemps dominé :

- *La persuasion/conviction.* Il s'agissait de convaincre le consommateur des qualités d'un produit. Sa différence, sa supériorité… « Mon produit est bon achetez-le ! » scandait la réclame traditionnelle.

- *La projection identification.* Il était ici question de présenter un modèle qualifié « d'aspirationnel », c'est-à-dire en lequel la cible a tendance à se projeter, à s'identifier. Il pouvait s'agir de top models, de femme active symbolisant la réussite professionnelle, du sportif associé à la « gagne », du groupe de jeunes « s'éclatant » en pratiquant des activités sportives à la mode… Bref, l'essentiel était que ce modèle soit perçu comme désirable par le consommateur lambda.

Ces deux modèles ont perdu leur omniprésence, pour trois principales raisons :

- *La première est liée à la banalisation des marchés.* Tous les produits se ressemblent, une innovation est rapidement égalée, voire dépassée par les concurrents. La publicité n'illustrera donc plus le produit (dans la majorité des cas, il n'y a rien de nouveau à dire sur un dentifrice). Celui-ci va devenir un simple prétexte pour développer une campagne créative, en prise sur les valeurs du moment, sur l'air du temps. Elle devra éveiller l'intérêt du consommateur, attirer son attention.

  Les scénarios se sophistiquent, non pas pour vanter les qualités des produits mais pour montrer combien les marques ont compris les valeurs du moment. Les campagnes doivent se transformer en MINI spectacles, ayant pour objectifs prioritaires de séduire et divertir.

- *La seconde est le résultat de l'encombrement publicitaire.* Le consommateur est de plus en plus assailli par les messages publicitaires. Pourtant, sa capacité de mémorisation est limitée. Pour résoudre cette équation, et faire le trou, les publicitaires s'orientent de plus en plus souvent vers le divertissement. Ils choisissent donc de diviser leurs campagnes en de multiples exécutions, afin de sans cesse renouveler l'intérêt. Ils rejoignent

60

par là, mais *via* une autre démarche, les caractéristiques de l'époque.

- *La troisième reflète la culture médiatique.* L'individu est confronté à la publicité depuis plusieurs décennies. Les jeunes, qui ont grandi avec elle, sont devenus des experts. Les vieux stéréotypes véhiculés par le modèle « projection/identification » sont un peu étriqués. Il faut les détourner, les prendre en dérision, les traiter avec distanciation. Présenter une femme active en plein effort professionnel, comme l'a longtemps fait RODIER, ne suffit plus. Pour séduire un consommateur habitué aux vieilles ficelles, il faut désormais impressionner, développer des exécutions inattendues, originales. Et renouveler fréquemment les campagnes. La vitesse d'usure de ces dernières s'est considérablement accrue depuis quelques années. Les films se succèdent désormais à des rythmes rapides, il faut susciter en permanence l'attention des consommateurs pour avoir une chance de l'obtenir.

Quelques cas de campagnes fragmentées

De nombreuses grandes marques multiplient désormais les exécutions, en privilégiant la valeur spectacle sur la cohérence et la valeur de conviction.

L'exemple LEVI'S

La campagne LEVI'S renouvelle systématiquement et régulièrement ses films. Depuis 1995, la marque a développé une dizaine de films, soit environ deux à trois par an, quand il est généralement considéré qu'un film dure un an/un an et demi avant usure (sur la base d'une utilisation « normale », c'est-à-dire d'environ deux vagues par an).

LEVI'S fait fi de toute cohérence formelle et ne cherche pas à créer un ton ou un style exécutionnel homogène, que l'on ferait durer en le déclinant dans le temps. Il s'agit plutôt de surprendre à chaque nouvelle exécution, et donc de séduire. Quelques exemples sur les très nombreux films tournés ces dernières années pour mettre en avant la dimension spectaculaire de la campagne.

Le film *Pharmacien* se passe dans un petit village américain des années cinquante. L'histoire est filmée en noir et blanc sur fond de musique techno. Le film nous montre un jeune homme se rendant dans une pharmacie pour acheter des préservatifs sous l'œil réprobateur du pharmacien et des clients. Le soir venu, il va chercher sa petite amie chez elle, les préservatifs dans la petite poche de son jean. Il sonne à la porte. Malchance : le père de sa petite amie vient lui ouvrir, ce n'est autre que le pharmacien, qui voit, dépité, sa fille partir au bras du jeune homme.

Le film *Aveugle* se passe dans les toilettes d'une station-service. Après avoir commis un hold-up, une jeune femme sexy fonce dans les toilettes pour changer ses vêtements. Un homme noir est assis là, portant une canne blanche et des lunettes noires.

La fille enlève sa perruque blonde, son chemisier, se démaquille. Elle enfile une paire de Levi's. Au moment de fermer les derniers boutons, elle se met, provocante, face au visage de l'aveugle, arborant un magnifique tatouage sur le ventre. Un homme sort des toilettes. Surprise, la fille détale. Le Noir va alors rendre la canne blanche à l'homme qui sort des toilettes. On comprend que l'aveugle n'était pas lui.

Le film *Clayman* tient son nom du processus d'animation qu'il utilise. C'est un film avec des personnages en pâte à modeler dans l'esprit du film *Wallace et Gromit*.

Un immeuble est en train de flamber. Sur fond d'un tube de *ragamuffin*, l'on aperçoit une femme restée coincée dans un étage élevé. Un homme, visiblement le héros, arrive. Il emprunte une moto à un policier, se sert d'une échelle comme tremplin et saute à l'étage où la jeune femme est prisonnière. Sous son regard éberlué, il enlève son jean et le passe sur un câble, le reliant à un autre immeuble. La fille s'accroche à son dos et ils utilisent le câble pour s'évader, pendus à la paire de jeans. Ils atterrissent dans une salle de bains, où l'homme embrasse sauvagement la jeune femme sous les yeux médusés d'un homme assis sur la cuvette des toilettes.

Le film *Kung Fu* est un pastiche des films de karaté très *seventies*. Un jeune homme, type Jackie Chan, entre dans un restaurant mafieux. Il est aussitôt attaqué par des hordes d'ennemis. Son art du karaté lui permet d'en venir à bout facilement. Il se retrouve face à un homme qui gesticule en menaçant : un coup suffit et l'homme est projeté en arrière, hors de combat. Notre héros arrive devant une jeune fille et d'un geste retourne une paire de jeans à l'envers, avant de les lui donner.

Signature : « Il vaut mieux les laver à l'envers ».

La marque devient un spectacle publicitaire

Les films *Mr Oizo* ont connu un succès considérable. Plusieurs films présentant une marionnette jaune, sorte d'OVNI ne ressemblant à rien, se sont succédé rapidement. Mr Oizo, la marionnette, s'est imposé rapidement, comme un phénomène global, se vendant en supermarché indépendamment des jeans LEVI'S. La musique des films n'a pas tardé à devenir un tube. LEVI'S a eu l'intelligence d'arrêter la campagne en plein succès. C'est-à-dire de ne pas attendre que la marionnette se « ringardise ».

De nouvelles campagnes se sont donc succédé avec beaucoup de constance à un haut niveau de créativité. Spectacle oblige, on n'hésite pas à emprunter à l'univers du cinéma. L'un des films illustrant le thème de la liberté de mouvement présentait deux jeunes gens qui couraient à travers des murs avant de courir le long d'un tronc d'arbre vertical et, une fois parvenus au sommet, s'élançaient dans les airs. La scène de l'ascension de l'arbre était directement empruntée au film *Tigre et Dragon*. Peu importe si la qualité de production et les valeurs de spectacle sont là.

Pendant la même période, de nombreux autres films ont été diffusés : *Football américain*, sur l'Amérique des années vingt ; *Far West*, mettant en scène une séance photos de pionniers dans un décor type *Monument Valley* ; *Quaker*, un magnifique film en noir et blanc ; *Piscine*, où un couple plonge en jeans dans une piscine sur fond de jazz des années quarante et *Sirènes*.

Il n'existe aucun lien exécutionnel entre ces différents films. Les styles sont volontairement diversifiés. La campagne est fragmentée en différentes exécutions qui ne sont complémentaires que parce qu'elles contribuent chacune à positionner la marque dans l'air du temps, à séduire, à en faire un spectacle permanent et renouvelé. Ce qui constitue le fil rouge de la campagne, rigoureusement présent dans chacun de ces films, ce sont les valeurs de marque. Originalité, séduction, confiance, liberté, rébellion, jeunesse, authenticité. Elles ne sont pas nombreuses mais suffisent à rendre les campagnes LEVI'S cohérentes. Chaque film n'obéit pas à toutes ces valeurs mais en illustre deux ou trois. Leur respect absolu garantit que l'identité de LEVI'S sera préservée, malgré la diversité des exécutions publicitaires. Ces valeurs sont d'autant plus fortes qu'elles appartiennent à la marque et rentrent en résonance avec celles de la catégorie de produit. Le jean représente le refus des valeurs domestiques (déjà présent dans le produit du fait qu'on ne doit pas le repasser), l'affranchissement, la rupture avec le conformisme. Les valeurs portées par la marque LEVI'S ont été soigneusement sélectionnées pour emblématiser celles de la catégorie de produits.

Nombreuses sont les marques procédant ainsi pour obéir à une logique de spectacle. PEPSI a adopté cette démarche et multiplie les exécutions, comme BUDWEISER ou HEINZ aux États-Unis.

Les règles à respecter

Une logique se dissimule derrière cet apparent désordre. Il ne s'agit pas de multiplier les exécutions à tout va. Au contraire, le strict respect de certaines règles s'impose pour réussir une bonne campagne « fragmentée ».

La recherche systématique de créativité

Chaque courte histoire doit divertir et séduire. Il lui faut donc être originale et branchée. La campagne LEVI'S collectionne les récompenses dans les festivals publicitaires internationaux. Ce n'est pas par hasard. Chacun de ses films présente une idée créative intéressante, un scénario parfaitement conçu. Quitte à s'éloigner de la quotidienneté et de la réalité. Plutôt que de présenter des situations ancrées dans la vie des consommateurs, offrant peu d'aspérités aux créatifs, les marques qui choisissaient ce style de pub s'orientent délibérément vers un parti pris non réaliste. Les publicitaires, fascinés comme toujours par les derniers anglicismes, appellent cela un traité *bigger than life*.

Le divertissement devenant la valeur dominante, les consommateurs en auront pour leur argent. Une marque ne devra pas simplement les impressionner avec des effets techniques mais les surprendre à chaque prise de parole avec de fortes valeurs de *fun* et d'*entertainment*.

L'éloignement du produit au profit de la marque

L'action se déroule au milieu du ciel. Un homme fait du surf dans les airs. L'avion qui l'a largué a disparu. Une oie sauvage le rejoint. Ensemble, ils s'essayent aux figures aériennes les plus spectaculaires. L'homme sort une canette de PEPSI et laisse filer le liquide dans les airs, en une longue coulée. L'oiseau, positionné en arrière récupère directement le PEPSI dans son bec. Désaltéré, il s'éloigne de l'homme et va rejoindre un groupe d'oies sauvages dont le vol dessine le logo PEPSI dans le ciel.

La valeur de spectacle l'emporte sur le besoin de s'ancrer dans le produit. L'aspérité produit n'est plus indispensable : les consommateurs ont grandi avec le produit et le connaissent par cœur. Pourquoi leur rappeler que PEPSI est à base d'extraits de cola et qu'il rafraîchit ? Quand l'ancrage produit est là, il n'est généralement qu'un prétexte à un film créatif. Il est rarement développé ou mis en valeur.

Dans la plupart de ces nouvelles campagnes, le choix est fait de ne pas jouer sur le produit mais de s'en éloigner totalement. On divertit difficilement en citant les caractéristiques d'une bière ou d'une tablette de chocolat. Les consommateurs sont indulgents : si la pub les fait rire ou les attendrit, ils pardonneront l'absence du produit et mémoriseront tout de même le message.

Ce qui est prioritaire avec ce style de campagnes, c'est désormais la marque et non plus le produit.

Le recentrage sur des valeurs centrales extrêmement simples

Pour éviter l'éparpillement et maintenir un semblant de cohérence, la marque doit piloter le sens de ses messages. Elle se concentre sur ce que les Anglais appellent des *core values* : ce sont les valeurs centrales de la marque, celles dont elle ne doit s'écarter sous aucun prétexte. Les ignorer impliquerait le risque de ne plus rien signifier dans l'imaginaire des consommateurs, d'être perçue comme une simple coquille vide. En revanche, la marque doit s'approprier ces valeurs, en faire sa spécificité par rapport à ses concurrents. Plus elles seront centrales sur le marché, plus la démarche sera profitable à la marque qui se les approprie. COCA-COLA va ainsi chercher à posséder la notion de « rafraîchissement », tandis que PEPSI revendiquera celle d'« alternative ». ORANGINA a revu entièrement ses créations publicitaires avec la campagne réalisée par Alain Chabat, mettant en scène des hommes-bouteilles. La marque cède aux valeurs de spectacle, et ne vise qu'à divertir et faire sourire. Elle oublie les traditionnels messages du segment. Pourtant, elle conserve le point clé de son identité : la pulpe d'orange et le fait qu'on doive la secouer. Cet attribut, qui lui est spécifique sur le marché des *soft drinks*, est le principe de ses campagnes publicitaires.

Même chose pour la compagnie d'assurances hollandaise CENTRAL BEHEER, qui multiplie les films rivalisant d'audace créative. Les idées publicitaires sont chaque fois différentes, pourtant une valeur centrale vient ponctuer chaque film : la confiance. Chaque scénario est construit autour de cette valeur : les hasards de la vie peuvent engendrer les pires mésaventures. Mais vous savez que, quoi qu'il vous arrive, vous pouvez compter sur CENTRAL BEHEER. Cette confiance se traduit créativement par la signature « Just call us. »

La montée des valeurs de production

Dans l'objectif de séduire, la marque est attentive à une exécution parfaite, en presse comme en télévision. Les consommateurs deviennent intraitables sur la qualité des réalisations. Pas facile de les impressionner quand on sait qu'ils ont dans l'œil les effets spéciaux de *Titanic* ou du *Seigneur des anneaux*. Quand la culture clip les habitue à gérer visuellement une succession ultra-rapide d'images.

Alors les marques s'adaptent. Elles font appel aux meilleurs réalisateurs, ceux qui travaillent à la production des clips des plus grandes stars du rock. Et elles n'hésitent pas à s'associer à des talents comme Michel Gondry, réalisateur entre autres des clips *Human Behaviour* de Bjork, *Je danse le Mia* d'IAM, ou *Around the World* des Daft Punk, ou encore du film *Sirènes* de LEVI'S et de nombreux autres films publicitaires.

Pour varier les styles, elles s'adressent à différents réalisateurs ayant chacun leur « patte », tout en veillant à ne pas sortir du *top ten* des Tarsem, Tony Kaye, Barry Myers… ou des stars de la post-production capables d'égaler les effets spéciaux de *Shrek*.

© Éditions d'Organisation

La marque devient un spectacle publicitaire

De même, le rôle des bandes son devient essentiel. Les marques se mettent à leur prêter autant d'attention qu'aux images. Chacun des films de la campagne LEVI'S est composé de bandes son exceptionnelles, qui sont des hits existants ou potentiels. On a d'ailleurs déjà édité une compilation des bandes son LEVI'S. Celles-ci peuvent suffire à lancer un titre ou un artiste. Ainsi Shaggy, l'auteur de *Mr Boombastic*, a vu la bande son *ragamuffin* du film *Clayman* propulsée en tête des hit-parades une semaine après la sortie du film.

La mécanique est simple : la musique est un des trois centres d'intérêt dominants des jeunes. Elle est identitaire et révélatrice de l'air du temps. Tarantino l'a bien compris : chacun de ses trois films possède une bande son très travaillée, qui fait un hit en parallèle de celui du film. La musique ne se limite plus à accompagner les moments forts d'un film. Elle devient partie intégrante du spectacle et rajoute une nouvelle dimension à celle de l'image. La plupart des succès cinéma sur la cible des jeunes ont désormais des bandes son exceptionnelles.

Les Anglais ont compris que celles-ci ne doivent pas être de bonne qualité mais exceptionnelles. Elles donnent de la couleur et de la personnalité à un film. Il ne faut pas les considérer comme un coût mais comme un investissement. L'agence Wieden Kennedy, à Amsterdam, l'a intégré. Ses films pour MICROSOFT (avec *Start me up* des Rolling Stones), COCA-COLA (*Live football, dream football, drink Coca*), ou NIKE ont chacun des bandes son très travaillées. De même que sa concurrente anglaise, Leagas Delaney utilise pour ADIDAS des tubes de groupes à la mode comme Massive Attack ou les Fat Boy Slim. Si la marque devient un spectacle publicitaire, la bande son devient un des éléments clés du spectacle.

Les publicitaires français commencent à se pencher sérieusement sur la qualité des bandes son. La musique des Chemical Brothers apporte beaucoup à la campagne AIR FRANCE. Le tube *Je ne veux pas travailler* des Pink Martini contribue beaucoup au succès du film *Robot* pour la XSARA PICASSO, en illustrant les valeurs de non conformisme déjà contenues dans le scénario.

Privilégier une logique d'*entertainement* implique la fragmentation des campagnes. Comment distraire et surprendre avec un seul film ?

Dès le troisième contact, il perd son effet de nouveauté. Et commence à travailler sur un registre différent, celui de la présence à l'esprit.

Alors les grandes marques multiplient les exécutions. Peu importe la cohérence formelle : l'essentiel est de distraire, de renouveler sans cesse l'intérêt d'un consommateur assailli par les propositions publicitaires. À partir du moment où il respecte quelques valeurs simples, le créatif peut s'éloigner du produit et donner libre cours à son imagination. Pour inventer des scénarios surprenants et originaux, qui ancrent la marque dans l'air du temps. Ce qui rend une marque désirable, c'est de plus en plus souvent le principe du spectacle.

À leur façon, les marques reflètent une des caractéristiques de l'époque : la fragmentation. La société, les médias se dispersent en multiples entités homogènes. Pourquoi la pub devrait-elle rester monolithique ?

CHAPITRE 3

Le marketing des idées s'impose, les marques deviennent les nouveaux gourous

Le propre du modernisme était d'imposer un système de valeurs fortes (raison, progrès, science...) qui fédéraient la société. Aujourd'hui, ces valeurs ne disparaissent pas mais s'estompent. Elles font place à une multitude de valeurs plus ou moins contradictoires, dans lesquelles l'individu fait son marché, en fonction des moments et des envies. Face à ce brouillage des repères, les marques prennent le relais des idéologies et se mettent à proposer du sens.

CALVIN KLEIN, NIKE, HUGO BOSS, AUDI, APPLE... de plus en plus nombreuses sont les marques qui s'orientent vers un nouveau type de marketing : celui des idées.

Après le marketing du produit, puis celui de l'image, les marques proposent désormais des systèmes de pensée. Des éthiques ou des morales s'adressant à l'individu.

L'effet attendu n'est pas une projection du consommateur dans un monde idéal mais l'adhésion à un système de valeurs. Le marketing des idées est un moyen d'enrichir la relation marque/consommateur, de se rapprocher de ses cibles. Une fois que vos consommateurs pensent comme vous, fortes sont les chances qu'ils soient aussi acquis à vos produits.

La fragmentation engendre l'indifférence

Explorons d'abord les racines de ce nouveau type de marketing.

Nous l'avons vu, le modèle moderniste a perdu sa légitimité et donc son universalité. En conséquence, de multiples sous-groupes émergent, la société se fragmente. Chaque entité culturelle, chaque mode de vie développe ses propres codes, ses propres systèmes de valeurs et de références.

En conséquence, les valeurs se fragmentent. À un système homogène orientant la société tout entière, s'est substituée une multitude de valeurs disparates, correspondant à chacun des micro-groupes sociaux. Si le modèle moderniste pouvait être taxé d'impérialisme, car il représentait le mode de vie et de pensée « officiel » que chacun se devait de respecter, la postmodernité ne choisit plus. Toute identité personnelle ou collective devient légitime et respectable. Les anciennes hiérarchies, qui structuraient la société, s'effacent progressivement.

Cette atomisation s'accompagne d'un repli sur soi ou sur son groupe. Plutôt que de s'intéresser aux modes de vie et de pensée des autres, on renforce le lien à l'intérieur de son propre groupe. Conséquence directe : tout témoigne d'une montée de l'indifférence à l'égard des enjeux concernant la société dans sa globalité. Il n'y a quasiment plus rien qui donne envie aux gens de s'investir.

Dans *L'Ère du vide*, Gilles Lipovetsky dresse l'état des lieux de l'individualisme. Selon lui, nous constatons une « désertion de masse... un désinvestissement vis-à-vis des institutions, des valeurs et finalités ». Montée des taux d'abstention aux élections, perte de crédibilité des hommes politiques et des institutions (École, Armée, État...), déclin de l'influence des syndicats, perte générale de confiance dans les organismes collectifs pour trouver des solutions à la crise. La liste est longue des clignotants signalant la prise de distance envers le collectif. Il n'y a plus de projets généraux, à l'échelle de la nation, plus d'enjeux collectifs d'importance, et donc plus d'implication de la part des individus. Déçu par l'impasse du social, l'individu se replie sur lui-même, ou sur son cercle étroit. Pour Gilles Lipovetsky, la mécanique favorise l'avènement du « procès de personnalisation » : les théories s'efforçant d'unifier le tout social ont montré leurs limites, et l'individu se recentre sur des « valeurs hédonistes, respect des différences, culte de la libération personnelle, de la décontraction, de l'humour… ». La nouvelle valeur fondamentale devient l'accomplissement personnel, la recherche de l'identité propre, l'expression du « droit d'être absolument soi-même ».

En parallèle à ce repli, l'individu satisfait son désir de lien social non plus en s'impliquant dans des enjeux globaux, en participant activement à la société, mais en densifiant les relations au sein de sa communauté. Voisinage, tribu sportive, loisir commun… c'est au sein de ces réseaux personnels que l'on s'implique désormais, à la recherche d'une nouvelle sincérité plus décontractée, de plus d'authenticité, de solidarité.

Cette situation pourrait rapidement menacer la cohésion sociale. Si elle est viable, c'est parce qu'un nouveau ciment a fait son apparition : un respect qui s'apparente à de l'indifférence. À une nation unie autour d'un système de valeurs, et résultant du choix positif de chacun de ses membres d'aller dans la même direction, celle qu'Ernest Renan définissait comme un « vouloir vivre ensemble », se substitue une nation à géométrie variable. Celle-ci n'est plus orientée par la dynamique d'une volonté générale mais par une simple tolérance de la part des communautés culturelles les unes vis-à-vis des autres. On ne s'est pas choisis mais on s'accepte mutuellement. Une sorte de pacte de non-agression est passé entre les différents acteurs de la société.

Cette indifférence est le résultat de l'absence de communication entre les différentes micro-entités, individus ou groupes, de la faiblesse des échanges, qui fait place à un système de cloisonnement. J'accepte que mon voisin n'ait pas les mêmes référents culturels que moi, mais ne me demandez pas de m'y intéresser ! Chaque communauté développe sa propre culture sans relation avec celle des autres.

La complexité croissante des domaines professionnels et personnels favorise ce sentiment. Comment s'impliquer dans les activités des autres, même de ses proches, quand celles-ci deviennent toujours plus complexes ? Avec la meilleure volonté du monde, comment trouver le temps et la disponibilité d'esprit pour s'intéresser à l'univers des jeux vidéo qui passionne les jeunes générations ? Il est constitué de plusieurs centaines de jeux sur consoles et CD-Rom, qui sont analysés, testés et décortiqués dans de nombreuses revues spécialisées ! Comment comprendre un phénomène musical comme celui de la techno avec ses multiples courants, sans en être à part entière ? On en a simplement fini avec la culture de « l'honnête homme ». De celui qui accumulait les connaissances générales sur à peu près tous les sujets. Nous sommes entrés dans l'ère de la spécialisation. Ce qui ne va pas dans le sens d'un approfondissement des relations entre les différents groupes sociaux et culturels.

Dans une époque dominée par le multiculturalisme, il n'y a plus de système de valeurs dominant. Face à « l'hypermarché des styles de vie », on constate un éparpillement des repères, un effacement des valeurs identitaires comme l'idée de Nation, la valorisation de l'effort, de la famille… En conséquence, chacun se replie sur sa sphère, sur son groupe où il cherche à développer de nouvelles sincérités. La contrepartie est un réel désinvestissement à l'égard du collectif.

Les médias n'émettent plus de point de vue

Le phénomène d'indifférence est accentué par le système médiatique qui, véhiculant tous les points de vues, finit par n'en privilégier aucun. Système médiatique au sens large : télévision, presse, radio, cinéma, internet et même publicité et marketing ; bref, tout ce qui construit les nouveaux imaginaires.

La télévision propage peu de points de vue et ne donne pas non plus vraiment les moyens de s'en forger un. Elle organise ses programmes en fonction d'impératifs d'audience, qui exigent un traité toujours plus orienté vers le spectacle. Le journal télévisé devient un enchaînement d'images, dont la rapidité ne permet plus le développement et l'argumentation d'analyses. Il n'est qu'une succession de photographies d'événements sans rapport les uns avec les autres.

Les traditionnels univers véhiculant la culture jeune ne donnent plus d'échelles de valeurs. Ainsi le rock engagé et contestataire des années soixante-dix fait place à la techno égocentrique et désimpliquée, ou au R & B aux paillettes bien superficielles. Seul le rap continue à être engagé, à raconter l'univers du ghetto, des cités, de la rue (cf. *Paris sous les bombes*, premier album de NTM). Les rappeurs se vivent avant tout en acteurs de ce qu'ils chantent. Autrement, la musique n'a plus de point de vue idéologique. En conséquence, le rôle qu'elle joue dans la vie des gens va en diminuant. Si le punk pouvait représenter un mode de vie et de pensée, on utilisera plutôt les nouveaux groupes phares en simples fonds sonores.

Le cinéma ne se risque plus à prendre de parti pris. Elles ne sont pourtant pas loin les années quatre-vingt où, derrière la dimension de divertissement des films, existait une facette moralisatrice. *Wall Street*, après nous avoir fait vibrer pour le succès du raider Michael Douglas, mettait en scène sa chute, nous rappelant qu'il ne faut pas chercher à s'enrichir artificiellement au détriment de ceux qui travaillent dans « l'économie réelle ». Ou *Liaison fatale*, qui incitait au repli sur les valeurs familiales et la fidélité. Le tableau que le film dressait de l'adultère était si noir qu'il a influencé le comportement sexuel d'une génération d'Américains.

Les films cultes des jeunes ne donnent pas de direction, ne proposent pas d'échelle de valeurs. *Trainspotting*, le célèbre film tiré du roman d'Irvine Welsh, a déjà quelques années mais reste une référence pour les jeunes. Il est intéressant de constater que toutes les issues proposées sont des choix par défaut, et non pas le résultat d'une démarche positive. Le film commence par le héros qui décrit l'ennui de la société que lui proposent ses parents, qu'il résume à « choisir de s'affaler sur ce putain de canapé et se lobotomiser aux jeux TV en se bourrant de MC DO ».

Il choisit donc « autre chose », la drogue. Devant les dégâts que provoque ce choix sur sa vie et celle de ses amis, il décide de se réintégrer dans la société. Le film se termine par sa vision, énoncée d'un ton monocorde :

> *« Je choisis la vie. J'en jubile d'avance. Je vais devenir comme vous. Le boulot. La famille, la super téloche, la machine à laver. La bagnole. La platine laser et l'ouvre-boîtes électrique. La santé. Le cholestérol. Une bonne mutuelle. Les*

> *traites. La baraque. Le survêt, les valises. Les costards trois*
> *pièces. Le bricolage. Les jeux télé. Le Mc Do. Les mômes.*
> *Les balades en forêt. Le golf. Laver la voiture. Tout un choix*
> *de pulls. Les noëls en famille. Les plans d'épargne. Les*
> *abattements fiscaux. Déboucher l'évier. S'en sortir. Voir*
> *venir... le jour de sa mort. »*

Une conclusion édifiante ! En l'absence de valeurs morales, la société se résume pour lui à une consommation démythifiée et aux petits « emmerdements » du quotidien. Plutôt que d'indiquer une direction, de terminer sur un message d'espoir, le film rappelle que nous ne pourrons pas échapper à **ÇA**. Au mode de vie de nos parents, orienté sur la construction et la préservation d'un petit confort personnel et bourgeois. Quel constat d'échec face aux idéaux de mai 68 !

Il choisit clairement la société par défaut parce que la drogue n'était pas une alternative viable. Mais cette résolution n'a pas été facile, tant la société lui semble grise et sans espoir. Pour lui, tout est équivalent ; il n'y a pas de hiérarchie des valeurs. « Déboucher l'évier » est au même plan que « Noël en famille ». S'il s'oriente dans cette direction, c'est simplement parce que la drogue, première solution testée pour faire face à l'ennui, s'est révélée un désastre.

Internet est un média postmoderne par essence, au sens où il reflète cette vision des choses. Sa réalité est un enchevêtrement de flux d'informations qui naviguent les uns en parallèle des autres et se croisent rarement.

Il n'y a pas de centre émetteur qui diffuserait une façon de penser officielle à des périphéries. Il n'y a pas d'organisation dominante, d'instance de régulation. Ce qui ne va pas sans poser de problèmes au législateur : souvenons-nous des difficultés éprouvées pour faire interdire de vente sur YAHOO les objets à caractère nazi. Tout est placé au même plan. De nombreux exemples illustrent cet éclatement lié à l'absence de centre émetteur, tel celui de NIKE. On trouve sur le net des sites pro-NIKE, non émis par NIKE, le site officiel de NIKE et des sites anti-NIKE, comme « The official Internet Anti-NIKE site ». Le site dénonce les abus de la politique sociale du géant de Portland en Extrême-Orient, comme son aspect Big Brother, badge obligatoire d'une génération. On peut y commander pour 12 dollars des « No NIKE T-Shirts », arborant fièrement « Just don't buy it ».

L'absence de contrôle du contenu implique la disponibilité des informations les plus disparates. On n'y trouve pas de hiérarchie ou d'échelle des valeurs. Au système traditionnel des médias classiques, que les Américains appellent le *one to many* (un émetteur, de nombreux récepteurs), succède avec le web le principe du *many to many*. Chacun peut exprimer son point de vue à tout moment. C'est notamment le cas dans les forums ou *chat rooms* qui permettent d'échanger avec d'autres internautes des informations ou des tuyaux sur une quantité de sujets. Et même de se noyer dans le flux, d'oublier quelques instants sa propre identité pour s'exprimer anonyme ou masqué. L'essence même de l'internet favorise le pluralisme, la diversité des opinions.

Le web est un immense supermarché d'idées, d'informations et d'images où tous les prix seraient identiques. On pourra en fonction de ses besoins ou envies consulter des sites universitaires pour rédiger un mémoire de fin d'études, ou se faire frissonner sur un site sadomasochiste ; s'informer d'une promotion sur le site d'une multinationale ou participer à une action humanitaire. On a même assisté récemment au premier accouchement en direct sur internet. On n'arrête pas la marche de l'histoire, même si cela en a choqué certains, au nom de la préservation de l'intimité et du sacré.

Bref, le web devient une institution, mais un nouveau type d'institution : elle n'offre pas un regard officiel sur le monde qui l'entoure, elle favorise la fragmentation des points de vue, elle ne hiérarchise pas l'information qu'elle diffuse.

Le marketing devient le nouveau paradigme

Notre culture quotidienne est centrée sur le présent, l'épanouissement immédiat. Il n'y a plus d'impératif de sacrifice, de don de soi, mais plutôt un devoir de bonheur. On ne cherche plus à construire l'homme nouveau mais plutôt à décider soi-même comment conduire sa propre vie. C'est le culte du corps et des plaisirs liés au corps. C'est aussi la culture du présent hédoniste, de la jouissance de l'instant.

En promettant plaisir immédiat, minceur, bien-être, réalisation de soi, séduction, le marketing devient une valeur phare de ce nouveau système. Le marketing récupère les imaginaires dominants, et les amplifie. Il s'inscrit ainsi dans le sens du courant. N'oublions pas qu'il a longtemps été rejeté comme étant le fruit du système capitaliste, sans autre considération que le profit. Son triomphe actuel n'est qu'un phénomène récent. On ne juge plus un produit industriel ou culturel sur le fait qu'il est issu du système marketing. On est habitué à cela. On le jugera plutôt en fonction de sa réussite : est-ce du bon marketing ou non ? Ainsi, Lara Croft est plébiscitée. Les modes passent mais les phénomènes restent. Les pré-ados ont dévoré les *boy's bands* tout en sachant qu'ils étaient construits par la télévision et les producteurs, pour plaire et vendre. Que les ambitions artistiques ne viennent pas au premier rang de leurs préoccupations. Dans le livre qui leur a été consacré, lorqu'elles étaient au sommet de leur gloire, il était reconnu que les Spice Girls « ont bossé dur depuis trois ans avant que la gloire et la fortune ne vienne frapper à leur porte ». On tolère qu'elles se soient rencontrées sur un casting alors qu'elles ne connaissaient quasiment rien à la musique. Qu'elles aient été « fabriquées » par les producteurs. Là n'est pas le problème. À partir du moment où leur produit fonctionne, le côté commercial est volontiers accepté. Elle se sont ainsi inscrites en précurseurs du phénomène de construction artificielle de groupes et de production de tubes par la télévision. Les chaînes privées se sont transformées en maisons de disques. Elles lancent leurs propres stars et, matraquage publicitaire aidant, les propulsent au sommet. La lutte au sommet des hit-parades se résume de plus en plus à la confrontation des gagnants de *Pop Stars* d'M6 avec ceux de *Star Academy,* appuyés par TF1. Hier, chanteur impliquait un métier, une voix… Aujourd'hui, les jeunes sont formés à la danse et au chant en un temps record. Personne ne l'ignore ni ne le remet en question, et le succès est au rendez-vous. Désormais, c'est le marketing plus que le talent qui produit les stars. La puissance des médias crée le succès. Bustafunk était un groupe inconnu jusqu'à ce qu'il fasse le générique de *Star Academy*. Résultat : onzième vente des hits en quelques semaines. Marketés comme de vulgaires yaourts, les nouveaux groupes phares des jeunes n'ont pas vocation à rester sur le devant de la scène. Les uns vont succéder aux autres à un rythme soutenu. Peu importe le développement du talent, le *timing* de la société médiatique est l'éphémère.

Le marketing des idées s'impose

Au cinéma, se produit un phénomène identique. Et si l'on a été unanime à reconnaître que *Titanic* est un film commercial, utilisant les vieilles ficelles hollywoodiennes, la critique, même la moins indulgente, s'accorde à dire qu'il s'agit d'un chef-d'œuvre, et le public est au rendez-vous.

Les universitaires américains Firat et Venkatesh estiment ainsi que le marketing est devenu un nouveau « métarécit » de nos sociétés occidentales. Pour eux, le marketing est postmoderne par essence, autrement dit, il tend à installer les conditions de la postmodernité. Il privilégie le règne de l'image sur la réalité, il développe la fragmentation, l'indifférence, l'érosion des barrières modernistes. Mais aussi, il prend à contre-pied le modèle moderniste qui fixait des contraintes, édictait des règles. Le marketing n'impose rien, il n'est préoccupé que par le marché, en voie de devenir l'instance de régulation suprême. Il contribue donc activement à fixer les nouvelles échelles de valeur. Au-delà de son acceptation même, la culture commerciale et le marketing tendent à devenir un nouveau paradigme. Dans leur article intitulé « Postmodern marketing as a pleonasm and liberatory marketing as improbable », les professeurs d'HEC, Romain Laufer et Julien Lévy, vont plus loin :

> « *Une société postmoderne est une société confrontée à une crise de la légitimité. L'opinion devient le juge final, le critère de légitimation principal. Le marketing, considéré comme une technique contemporaine de persuasion, peut ainsi être utilisé non seulement pour vendre des produits, mais aussi pour s'adresser à une variété de publics, sur lesquels les organisations reposent.* »

En étant par essence l'institution qui prend en compte l'opinion publique et vise à la convaincre, le marketing devient l'un des « nouveaux métarécits ». Ce processus de conviction ne se limite pas aux produits de grande consommation, ni même à l'ordre marchand. Il touche désormais toutes les institutions et modifie leur façon de fonctionner. La légitimité ne vient plus de ce que l'on est, du fait que l'on soit reconnu par la culture dominante, mais plutôt de la reconnaissance des publics auxquels on s'adresse. Le sociologue Max

Weber avait identifié les trois principaux types de légitimité : modèle charismatique, modèle rationnel légal, modèle traditionnel. Dans tous les cas, la légitimité était issue de la reconnaissance par le groupe de son autorité. Le marketing étant par essence un outil de conviction des groupes devient un nouveau facteur de légitimité.

Des hommes politiques aux associations professionnelles, des grands groupes industriels aux institutions religieuses, tous se tournent désormais vers le marché pour conquérir une nouvelle légitimité.

En témoigne l'exemple des Journées mondiales de la jeunesse tenues à Paris, pour lesquelles le Vatican s'est transformé en agence de pub. Leur côté « grand show », visant délibérément à séduire les jeunes du monde entier, marque le changement d'état d'esprit de l'Église catholique. Celle-ci a compris que ce n'est pas en imposant ses principes qu'elle continuera à recruter des adeptes, mais plutôt en les séduisant. Et Dieu sait si la séduction est l'arme absolue du système marketing : on n'impose plus rien, on incite et on séduit. À la vieille classification des légitimités de Max Weber, on pourrait ajouter un nouveau paramètre, la séduction.

Toute culture est tolérée

En l'absence de système référentiel, ce qui était auparavant considéré au mieux comme une vulgaire sous-culture, au pire comme le rebut de la société, devient légitime et accepté comme tel. On réhabilite des cultures longtemps méprisées.

Ainsi le genre *gore*, accumulant hémoglobine et frayeurs bon marché, est revenu à la mode. Le phénomène a été cristallisé par le succès mondial du film *Scream*, pastiche revendiqué de film *gore*, multipliant les références et les citations de films du genre. Tout en prenant du recul, *Scream* a traité le sujet *gore* à sa façon. Le film montrait notamment que le *gore* représente un véritable univers à part entière, légitime et respectable. L'engouement qu'il a suscité est un signe des temps, la culture *gore*, avec sa cohorte de détraqués et de morts vivants, est devenue une culture à part entière.

En témoigne le succès commercial de Stephen King, orfèvre du genre, du *Projet Blair Witch*, de *Resident Evil 2*, jeu vidéo délibérément *gore* et classé parmi les premiers au hit-parade des ventes, ou encore l'ampleur qu'a pris la fête de Halloween en Europe (rappelons-le, ici aussi, sous l'impulsion du marketing et des médias).

La publicité s'est réapproprié le phénomène. ORANGINA ROUGE s'était lancé en parodiant un film *gore*. Souvenez-vous du « pourquoi est-il si méchant ? « » Parce que ! » La X Box de PLAYSTATION présente un fœtus expulsé du ventre de sa mère, qui va atterrir dans... un tombeau ! Nombre de campagnes, comme celle de la chaîne de télévision 13ᵉ rue, s'inspirent de la réhabilitation du *gore*.

De même pour le succès du film *Ed Wood* de Tim Burton, où Johnny Depp interprétait brillamment Ed Wood, « le plus mauvais réalisateur de tous les temps ». Le film témoignait de l'intérêt croissant témoigné au *gore*, qui se prête désormais au cinéma d'auteur. Il nous plongeait dans les arcanes du style, dans les années cinquante, alors que les films étaient produits dans des condition difficiles, avec de très faibles moyens. En montrant la méthode d'Ed Wood, le réalisateur le plus significatif de ce courant, il tendait à réhabiliter ce qui était jusque-là considéré comme un sous-genre, et à reconnaître l'influence de ces films sur le cinéma des années à venir. Il a été suivi de *Sleepy Hollow, la légende du chevalier sans tête*, dont le titre semble suffisamment éloquent pour n'avoir rien à rajouter.

Le *gore* n'est pas le seul exemple à marquer le retour sur le devant de la scène d'un style honni. Le retour du porno est désormais un fait. Le phénomène a été révélé par la presse à la fin 1998. Le très honorable journal *Le Monde* titrait le 5 juin 1998 « Cinéma : le X revient à la mode ». Les couvertures de magazines divers et variés ont enchaîné (*Max*, *Ex Aequo*, *Teknikart*...). Les dossiers spéciaux se sont multipliés. *L'Événement du jeudi* a traité le sujet (« Le porno des années soixante-dix, c'est culte »), comme *Les Inrockuptibles* (« Génération X »).

Tous signalaient le renouveau d'un genre confiné au ghetto depuis la fameuse loi de 1975, dite du X, censurant les films à caractère pornographique.

Il semble que le développement du porno ait plusieurs sources. Aux facteurs économiques (les vidéos classées X représentent 15 % du marché des films vidéo en 1997) s'ajoutent des facteurs sociaux, notamment « la pression des communautés homosexuelles pour la reconnaissance d'un droit à la différence ».

La réhabilitation du porno est un phénomène massif. Les chaînes thématiques se jettent sur le style. Le CSA reconnaît qu'au-delà du porno mensuel sur Canal Plus, « Ciné-Cinéma propose 24 diffusions mensuelles, Ciné-Cinéstar une quinzaine, XXL une bonne quarantaine, et les services de paiement à la carte ne sont pas en reste avec cinq titres par semaine sur Kiosque, huit sur Multivision ». Canal Plus a utilisé des metteurs en scène connus pour réaliser des films porno (Klapisch, Audiard, Marc Caro), visant à développer l'usage du préservatif. On développe une Nuit du sexe à Pantin pour le Festival de Seine-Saint-Denis, des émissions sur France Culture… *Entrevue*, un des plus gros tirages de la presse jeune, y fait souvent ouvertement référence dans son rédactionnel. De même, les vedettes porno dépassent le genre et deviennent des stars à part entière. Cela a commencé avec Tabatha Cash et se poursuit avec la consécration de l'acteur Rocco Siffredi, depuis son passage à *Nulle part ailleurs*, sur Canal Plus. Raffaella Anderson a fait un hit chez Grasset avec son ouvrage *Hard*, racontant les habitudes du milieu. Les vedettes porno commencent à être « acceptées » dans d'autres milieux, cela peut même ajouter parfois une touche de « chic ». Ainsi l'actrice Estelle Desanges participe à l'émission littéraire de F. Beigbeder, qui parle lui-même de réaliser un film X avec des acteurs traditionnels. Les frontières s'effacent. Le succès du livre *La Vie sexuelle de Catherine M.* racontant les frasques sexuelles de l'auteur en témoigne. Littérature ou pornographie ?

Le cinéma et la pub se sont emparés du phénomène. Hollywood a multiplié les productions abordant d'une manière ou d'une autre le sujet. Avec *Larry Flynt*, le réalisateur Milos Forman s'est intéressé à la biographie du magnat américain de l'industrie porno. *Boogie Nights* raconte le destin d'une ex-star du porno, *Hustler White*, signé par le canadien Bruce La Bruce, se situe à la frontière du porno et du cinéma d'auteur et laisse perplexe la censure. La publicité n'est pas en reste, et DIESEL, toujours avant-gardiste, a été un des premiers à intégrer un film sur le sujet dans sa saga. La mode s'est vite répandue au sein des marques de luxe, donnant son nom à une tendance qui a fait couler beaucoup d'encre, le porno chic. Il s'agissait de transgresser les codes un peu trop traditionnels et conservateurs du luxe

80

traditionnel, et de s'inscrire dans la modernité. Le moyen adopté : la transgression. GUCCI a initié ce style qui a été emblématisé par DIOR. Certaines marques ont suivi. Arrivant plus tard, elle devaient frapper plus fort. C'est ainsi que la campagne OPIUM d'YVES SAINT LAURENT, qui présentait une jeune femme en proie aux plaisirs solitaires, a déclenché une vague de polémiques. Les résultats sont néanmoins là : en utilisant ces codes, ces marques sont parvenues à s'inscrire dans un état d'esprit globalisant, jet set internationale, et à s'imposer à l'échelle mondiale.

Le porno a cessé d'être pestiféré et s'affiche désormais ouvertement. Le consensus moral qui l'excluait depuis plusieurs décennies s'effrite. Et il finit par devenir un genre comme un autre.

Enfin, le bric-à-brac de la *pulp culture*, réhabilitée par Tarantino, a refait surface. BD, séries B, gothique, rockn'roll TV, marijuana, roman noir, littérature pulp… tous les « sous-genres » des années soixante-dix redeviennent « tendance ». Cette culture disparate, que l'on cherchait à dissimuler face à l'impérialisme de la culture classique, est désormais acceptée comme culture à part entière.

Le développement du politiquement correct

Ce qui était hier une culture unifiée devient une culture de la diversité. La question se pose donc : comment vivre dans une société qui se définit comme multiculturelle et qui multiplie les échelles de valeurs ?

Pour que cette diversité constitue malgré tout un univers cohérent, un pacte de non-agression est signé entre les différentes entités culturelles. « Ne porte pas atteinte à mon style de vie, je respecterai le tien. » Et la tolérance prend un nouveau nom, le respect de la différence d'autrui. Quand il est édifié en règle générale et absolue, ce respect engendre le politiquement correct. Une mécanique bien connue qui agit au niveau individuel et collectif : ne rien dire qui puisse offenser directement une partie de la population, fût-elle minoritaire.

L'individu ne peut avoir de comportements jugés offensifs, qui portent atteinte aux libertés fondamentales de l'autre, sans tomber sous le coup du politiquement correct. D'où la dimension étonnante prise par le harcèlement sexuel aux États-Unis, qui devient un débat national, illustré par le succès du roman de Michael Crichton, adapté au cinéma (*Harcèlement*). Au concept du harcèlement sexuel s'est vite ajouté celui de harcèlement moral. La mécanique est la même : porter atteinte à l'individu en usant de sa situation hiérarchique en contexte professionnel. Révélée par le succès important de l'ouvrage de Marie-France Hirigoyen (*Le Harcèlement moral*), qui analysait les mécanismes de la violence perverse au quotidien, cette notion a rapidement envahi les tribunaux.

L'attention portée à ces phénomènes est naturelle : on s'attaque au bastion de l'individualisme. On peut tout faire tant qu'on se limite à soi-même, toute culture ou attitude est tolérée. En revanche, dès qu'il s'agit de porter atteinte à autrui, tout comportement devient blâmable.

Le politiquement correct est l'un des avatars du libéralisme : chacun a un espace privé inviolable et garanti par la loi. Qui y porte atteinte s'expose à une contre-attaque.

Le phénomène se manifeste aussi sur le plan collectif. Toute prise de position d'une collectivité s'expose à des remontrances si elle n'est pas respectueuse de quelques grands principes jugés fondamentaux (droit à la différence, droits de l'homme…).

Quand le modèle social unique éclate, quand la morale et les valeurs ne parviennent plus à s'imposer pour contrôler les comportements individuels, le politiquement correct devient le nouveau garde-fou.

Dans une société fragmentée, chaque minorité bénéficie du droit d'être elle-même. Chaque culture est donc légitime comme expression d'un groupe de gens ou d'un individu. Une nouvelle tolérance s'installe alors pour faire face à cet éclatement des cultures. Elle n'est pas forcément synonyme de bienveillance, mais plutôt d'indifférence. Elle sert de ciment, de pacte de non-agression dans une société qui n'est plus orientée par un système de valeurs cohérent.

© Éditions d'Organisation

Du *lifestyle* au *mindstyle* : les marques, gourous postmodernes

Une société fragmentée n'est pas vide de valeurs. Simplement elle marque la faillite d'un système de valeurs dominant. Dans ce contexte, chacun peut énoncer sa propre vision du monde et de l'individu, bref, chercher à faire passer un message. S'il respecte les principes du politiquement correct, il sera toléré, quel que soit son point de vue ou son style de vie. S'il a du talent, il sera écouté. Toutes les idées, toutes les expressions culturelles deviennent acceptables. Il n'y a pas un émetteur plus légitime que d'autres pour exposer ses convictions.

Certaines marques ont fait ce constat et en profitent pour développer une nouvelle proximité avec leurs consommateurs.

Dans les années quatre-vingt, elles montraient à ces derniers qu'elles savaient vivre comme ils rêvaient de vivre. C'était le principe du *lifestyle* : présenter un univers idéal. Le consommateur se projetait dans cet univers, s'identifiait aux personnages et aux activités mises en avant. En consommant le produit, il pouvait se dire (inconsciemment) qu'il ressemblait un peu à ceux qu'il avait vus dans la pub. Le modèle ne marche plus. Les consommateurs, éduqués à la société de consommation, ont finalement compris que la vie ne fonctionnait pas comme ça.

Aussi les marques ont-elles adapté leur discours au nouvel état d'esprit et développé ce que les Anglais appellent le *mindstyle advertising*, littéralement « style d'esprit ». Si chacun peut énoncer ses valeurs et son point de vue, pourquoi s'en priveraient-elles ? En énonçant leurs valeurs comme un prêt-à-penser pour leurs consommateurs, elles créent une nouvelle relation. De la marque qui vit comme vous aimeriez vivre à celle qui pense comme vous. Sur le mode « Nous partageons les mêmes valeurs. Nous sommes donc faits pour nous entendre. » En consommant les produits proposés par ces marques, les consommateurs auront un peu le sentiment de consommer une marque qui a compris comment ils voyaient la vie.

Les publicitaires français ont intégré cette nouvelle facette du marketing, si l'on en croit Éric Tong Cuong, le jeune patron de l'agence Euro RSCG BETC, qui déclarait au *Figaro* : « Les marques doivent cesser de penser en termes de promesses et de bénéfices, pour développer de véritables idéologies de marques. » Désormais, il est clair qu'elles ne se contentent plus de vendre des marchandises. Elles proposent du sens.

Le cas NIKE

NIKE a été le premier à identifier ce nouveau levier. En signant « Just do it », la marque dépassait les traditionnelles notions de territoire ou de profil d'image. Elle proposait une nouvelle vision du sport, reposant sur des valeurs bien affirmées.

La culture de la marque est issue de son sport d'origine, le *running*, sport individualiste où la notion de dépassement est centrale. Le premier athlète NIKE, le *runner* de demi-fond Préfontaine, incarnait cette approche, qui une fois théorisée allait faire la fortune de NIKE. Il incarnait la liberté, la spontanéité, la volonté de s'extraire des carcans, des règles, du côté formel du sport.

NIKE a su transformer cette culture en vision du sport, qu'elle a exportée avec le succès que l'on sait dans le monde entier. Sur quoi repose cette vision, incarnée par le « Just do it » ?

Sur des valeurs individualistes, décomplexées, libératoires, où les règles sont là pour être dépassées. La marque a clairement revendiqué une alternative à l'aspect institutionnel du sport, à l'emprise des fédérations (qui sévit encore dans nombre de disciplines ; il suffit d'observer le pouvoir de la FIFA sur le monde du football pour constater que cette main mise est réelle), aux règles qui brident les individus.

Face au modèle européen du sport qui privilégie le *fair play* et la sportivité (souvenez-vous du film *Les Chariots de feu* !), et prône un sport très encadré par les fédérations, où le collectif l'emporte sur l'individu, NIKE est devenu le porte-parole du modèle sportif américain, l'ambassadeur de la culture de la performance. Une bonne annonce vaut parfois mieux qu'un long discours pour exprimer une philosophie de marque. Ainsi, lors des jeux Olympiques d'Atlanta en 1996, NIKE signait déjà une de ses annonces « You don't win silver, you loose gold » (« Vous ne gagnez pas l'argent, vous perdez l'or »).

À comparer à la fameuse phrase « L'essentiel, c'est de participer », incarnant les valeurs participatives du modèle européen.

« Just do it », ce sont des valeurs de dépassement, d'individualisme, de lutte, de volonté d'aller plus loin. L'objectif : s'imposer, même si on est à bout, si on touche ses limites.

La force du « Just do it » est que ces valeurs, issues du *running*, sont universelles. Elles se sont appliquées à tous les types de sport, mais aussi à tous les profils, de Michael Jordan au sportif du dimanche. Et cette éthique pouvait dépasser le cadre du sport pour s'appliquer à tous les domaines de la vie.

La marque a su utiliser parfaitement chacun des leviers marketing pour imposer sa vision du sport.

Le choix d'athlètes au service d'une vision du sport

NIKE a révélé un grand talent pour sélectionner les athlètes susceptibles d'incarner au mieux sa vision.

Ainsi a-t-elle découvert Michael Jordan alors qu'il était encore inconnu. Le basketteur ne s'est pas contenté d'un talent extraordinaire, il a aussi démontré une vraie personnalité.

De même NIKE a su repérer Cantona alors qu'il était renvoyé de Marseille et de l'équipe de France, avant son départ en Angleterre où il allait s'imposer comme le meilleur joueur étranger du championnat anglais avec Leeds et Manchester. L'exploitation publicitaire de « Canto » a ensuite été centrée sur sa personnalité de rebelle, d'anticonformiste du football.

Au-delà des grandes stars, la marque choisit ceux qui affirment leur individualité, leur différence, une personnalité de préférence dérangeante et entière, pour servir des valeurs de révolte de l'individu contre les systèmes qui cherchent à l'encadrer. John Mc Enroe illustrait parfaitement ce choix, confirmé par des athlètes comme Agassi ou Tiger Woods...

Le choix des athlètes NIKE n'est donc pas laissé au hasard. Il ne privilégie pas non plus la célébrité des athlètes, il répond plutôt au talent et à la personnalité des sportifs, afin de s'assurer qu'ils serviront au mieux la vision du sport de la marque au *swootch*.

85

La culture du produit

De même, les produits NIKE ne proposent pas d'innovations gratuites. Contrairement à d'autres marques, les technologies sont systématiquement utilisées pour être au service du sportif. Les développements réalisés sont faits avec des athlètes, au service d'un bénéfice consommateur. Les innovations comme le système Air (créé par tâtonnements à partir d'un système de semelles « gaufrées ») sont la conséquence d'une recherche de solutions destinées à améliorer la performance des athlètes.

Le rôle de la publicité

Le travail de la pub a été de mettre en images cette vision et de savoir proposer aux consommateurs de la partager.

L'un des films fondateurs de la saga NIKE montrait différents types de sportifs concentrés avant l'effort, puis pendant l'effort (course à pied, tennis, natation, boxe…). Les images présentent les sportifs en lutte avec eux-mêmes, pour aller plus loin, être meilleurs que les autres, se dépasser. On les voit souffrir, chuter dans la course, voire vomir tant ils ont abusé de leurs forces. Morale du film : « Just do it ».

Les campagnes qui ont suivi n'illustrent pas forcément la notion de dépassement contenue dans le « Just do it ». La marque s'est éloignée de son slogan fondateur, au point de ne plus systématiquement l'utiliser dans ses campagnes.

Son nouveau credo, ce sont ses valeurs : performance, liberté, individualisme, spontanéité. Celles-ci sont plus fédératrices que la notion de dépassement. Elles s'exportent mieux sur les produits sports/loisirs (baskets de ville, *sweet shirts*…) qui représentent une part toujours croissante du business de NIKE. Chaque nouvelle campagne vient systématiquement puiser dans ces valeurs, à l'instar de LEVI'S.

Ainsi, durant le Mondial 1998, les films mettaient en avant une équipe du Brésil en liberté, ne jouant pas dans les règles, les cadres traditionnels du football. Plutôt que de présenter des images tournées dans des stades, ou des athlètes en lutte avec eux-mêmes, NIKE montrait les Brésiliens s'amusant avec un ballon au bord de la plage ou dans un aéroport.

De même, les campagnes d'affichage et de presse ne signent plus avec le fameux slogan mais reflètent les valeurs de la marque (souvenez-vous de la campagne d'affichage française « Liberté d'expression des artistes », « France terre d'accueil sauf dans ses buts »).

Derrière la stratégie de NIKE réside un objectif bien affirmé : travailler sur une facette du *marketing-mix* : la relation que la marque entretient avec ses consommateurs.

En leur délivrant un message de fond, sur le sport et l'individu, l'objectif de NIKE était de faire passer le message suivant à ses consommateurs : « Ne consommez pas seulement mes produits pour ce qu'ils sont, mais venez à moi parce que vous partagez mon point de vue sur le sport et la société. » Et la marque de dépasser la relation commerciale pour créer une connivence, une confiance, et donc une nouvelle proximité avec ses acheteurs.

Aujourd'hui, la stratégie publicitaire de NIKE a évolué. Pour deux principales raisons. Le « Just do it » se prêtait trop bien aux critiques des mouvements anti-mondialistes, qui, de Michael Moore à Naomi Klein, prêtent une forte attention aux faits et gestes de NIKE. Faire travailler des enfants en Asie, pour des salaires de misère… « Just do it… » La marque ne pouvait faire le choix de maintenir une signature qui pouvait apparaître provocatrice. De plus, le mot d'ordre de NIKE était trop facilement détourné.

L'autre raison est plus d'ordre sociologique. Le dépassement s'est ancré dans la fin des années quatre-vingt. Il correspondait parfaitement à l'état d'esprit du moment : performance, réussite… Nous sommes passés à des valeurs plus *soft*. L'épanouissement, le plaisir, le bien-être sont devenus plus importants que la performance pure. La marque ne pouvait rester sur une plate-forme qui n'était plus en phase avec l'imaginaire du moment. Elle a donc évolué vers des valeurs de plaisir, en glorifiant le « football champagne » à la brésilienne, fait de facilité et de sens du jeu, et en situant certains films sur la plage, hors de tout contexte de compétition.

Un registre publicitaire qui se généralise

Néanmoins, le succès de NIKE pendant les années quatre-vingt-dix a amené nombre de marques à s'interroger sur leur stratégie de communication.

Le marché des parfums s'est emparé du créneau. Il faut dire qu'il s'y prêtait bien : mettre un parfum, c'est bien sûr adopter une valeur de séduction, mais c'est aussi affirmer son identité, son style. Et puis n'oublions pas que l'imaginaire joue un rôle primordial sur ce type de marché, dit « de croyance », où le consommateur a du mal à évaluer la performance réelle d'un produit.

Aussi CALVIN KLEIN, qui a décidément tout compris de la psychologie de l'époque, a réussi le lancement de son parfum CK BE en signant « Be yourself ». L'idée publicitaire était de multiplier les petits films noir et blanc (univers référentiel de CALVIN KLEIN) mettant en avant des personnalités qui expliquaient pourquoi et comment elles avaient décidé « d'être elles-mêmes ».

> **D**ans l'un de ces films, on voit une jeune fille un peu masculine expliquer que son ami souhaitait qu'elle sache cuisiner, qu'elle sache coudre, qu'elle porte des petites robes. Autant de bonnes raisons pour s'en séparer rapidement. Les annonces presse reprennent cette incantation « Be good. Be bad. Be yourself. »

CK BE surfe sur le fort courant individualiste et n'hésite pas à flatter Narcisse. CALVIN KLEIN a compris qu'on ne supporte plus de se plier aux règles établies par d'autres. Que la priorité est de s'accomplir individuellement, de s'exprimer tel que l'on est. Encore une fois, il a parfaitement réussi à traduire publicitairement l'air du temps.

La logique est la même que celle de NIKE : en délivrant un message de fond, de préférence en phase avec l'état d'esprit du moment, la marque cherche à créer une nouvelle proximité.

Ici aussi la campagne a fait des émules : HUGO BOSS vend désormais son parfum en montrant les visages gros plan d'un jeune homme ou d'une jeune femme. Il est écrit sur les affiches ou sur le *packshot* (plan final) du film : « N'imitez pas, innovez. »

La brèche est ouverte, les marques s'y engouffrent. Ainsi la campagne de relancement de LACOSTE ne se focalisait pas sur les produits, c'est le moins que l'on puisse dire. L'agence Euro RSCG a décidé d'orienter la marque vers une approche *mindstyle*. La campagne comporte plusieurs annonces presse.

> **D**ans l'une d'elles, on voit sur une double page une jeune femme au sommet d'une montagne, la plaine embrumée s'étendant à ses pieds. Elle joue du violon. L'accroche n'est pas omniprésente, la typo n'est pas tapageuse, on peut simplement lire : « Deviens ce que tu es », une des incantations de Nietzsche dans *Ainsi parlait Zarathoustra*.

Dans le même esprit, le cas AUDI est édifiant. D'abord parce qu'il concerne un marché différent, traditionnellement plus orienté produit. Ensuite, parce que la marque ne cible pas prioritairement les jeunes. Enfin, l'approche varie et fait preuve de plus de subtilité.

AUDI définit un profil de cible : la voiture des gens élégants, raffinés, qui « ne la ramènent pas », même s'ils ont de quoi. Ces gens-là ont un style de vie privilégié, mais n'ont pas l'habitude de le clamer sur tous les toits. Ils font preuve de discrétion. Ils se définissent comme étant à l'opposé de ceux qui achètent une voiture pour bénéficier de l'image qui lui est associée. C'est plutôt l'expression d'un savoir-vivre, d'une exigence plus générale.

Plutôt que de parler de ses moteurs (en télévision), AUDI cherche à s'approprier les valeurs et la vision du monde propres à cette cible pour créer une proximité avec elle. Bien entendu, ces valeurs fonctionneront de manière aspirationnelle pour ceux qui ne les vivent pas au quotidien, mais qui ne les dédaignent pas non plus.

> **D**ans un film anglais, l'agence BBH a parfaitement conçu et réalisé une approche créative classique, l'approche « par la négative ». Le film présente un jeune yuppy caricatural. Il est au volant d'une AUDI et explique que l'argent, il n'y a pas de quoi en avoir honte. Qu'il faut être compétitif et ambitionner de devenir numéro un si l'on veut survivre. Que les gens avec qui vous êtes vu véhiculent votre image, comme les habits que vous portez et la voiture que vous conduisez. On est un peu surpris qu'il s'agisse d'une pub AUDI car ce n'est pas naturellement le style de la marque.
>
> Finalement il arrive devant un garage, rend les clés au concessionnaire et lui explique « non, ce n'est vraiment pas mon style » en appelant un taxi.
>
> Signature : « Elle ne sera pas appréciée de tous. »

Le message est clair : AUDI n'est pas une marque pour tout le monde. Elle ne concerne pas les gens sensibles aux apparences qui s'orienteront plutôt sur des marques plus *show off*. Elle s'adresse donc aux autres : ceux qui pourraient être *show off* car ils en ont les moyens, mais qui préfèrent une élégance plus discrète. Derrière la définition du profil du propriétaire idéal d'AUDI, la marque délivre indirectement un message de fond à l'individu sur le thème « être/paraître ». Ceux qui se reconnaîtront dans le profil et les valeurs de marque développés par AUDI se sentiront plus proches de la marque que de ses concurrents. La première bataille sera déjà gagnée.

On ne peut faire l'économie d'un dernier exemple, tant il est significatif. C'est celui d'APPLE. On le sait, la marque a connu des temps difficiles. Après s'être imposée comme une alternative au monde uniformisé que représentait IBM aux yeux des consommateurs au début des années quatre-vingt, APPLE a vu son aura se ternir. Il fallait respecter les valeurs historiques qui constituaient l'identité de la marque : convivialité, indépendance, humanisme, originalité, créativité... et les adapter à l'époque et au contexte. L'agence d'APPLE a bien compris la nécessité de revenir aux racines identitaires de la marque. Après tout, le nom même d'APPLE, « Pomme », portait déjà en lui la notion de différence. La volonté de porter un nouveau regard sur le monde, plus simple, plus frais, plus enfantin. Et le produit véhiculait ces valeurs en inventant deux concepts qui allaient révolutionner le monde informatique : le glisser-déplacer et la poubelle. Le parti pris était donc de mettre en avant les photos noir et blanc des génies de notre siècle en affirmant simplement : « Think different ». Pas d'ordinateurs ou de systèmes d'exploitation, pas de supériorité produit, simplement un message porté par Gandhi, Picasso, Einstein... On peut lire derrière cette simple accroche que, si ces génies étaient vivants, ils utiliseraient APPLE car c'est la marque des gens créatifs, de ceux qui n'hésitent pas à suivre leur chemin jusqu'au bout, sans tenir compte des idées reçues. Derrière le « Pensez différemment », il faut décoder « Soyez vous-même, n'hésitez pas à écouter vos sensations, à aller jusqu'au bout de vos rêves, n'obéissez pas aux conventions. » Message qui se rapproche étrangement du fameux « Just do it ». Cette stratégie de communication a été jugée pertinente par d'autres constructeurs informatiques, qui n'ont pas hésité à le dupliquer comme HP a pu le faire en signant ses campagnes « Inventez-vous. »

On peut tout de même s'interroger sur la pertinence des valeurs véhiculées par la *world company*. En apparence séduisantes, elles sont pourtant limitées à une simple approche, celle de la valorisation de l'individu. Qu'il aille plus loin, devienne celui qu'il est, innove, croie en ses rêves ou pense différemment, l'individu est au centre des préoccupations des marques qui déploient tous leurs efforts à flatter son narcissisme. Ce grand plaidoyer pour l'affirmation personnelle, la revendication de la différence individuelle peut sembler attirant si l'on s'en tient à un regard superficiel. Il ne faut pourtant pas aller chercher bien loin pour s'apercevoir que cette « nouvelle idéologie » est finalement uniforme, fortement consensuelle et superficielle.

Uniforme car, au lieu de s'écouter et d'innover, les marques vont dans le même sens, celui de l'exaltation de l'individu. Quand CK Be signe « Be yourself », la marque devrait inciter à la différence. Quand toutes les marques travaillant sur la cible des jeunes affirment peu ou prou la même chose (même Morgan s'y met et écrit sur ses affiches « Corps-Âme-Morgan… »), on arrive à un paradoxe surprenant : un grand mouvement convergent de consommateurs qui vont acheter les mêmes produits en pensant afficher leur différence, alors qu'ils se complairont dans le plus grand conformisme. Nous vivons une époque formidable !

Consensuelles, car comment s'opposer à cette façon de voir le monde ? Les marques ne prennent pas de risques, elles délivrent un message sur lequel tout le monde est à peu près d'accord. Qui aurait envie d'imiter ? Qui souhaiterait ne pas être soi-même ou penser conformément ?

Superficielles, elles s'arrêtent à la déclaration d'intentions. Si vous êtes d'accord avec nous (les tests prouvent que cela doit généralement être le cas), tant mieux. Sinon, tant pis. Elles ne développent pas d'argumentaire nourrissant ou étayant leur point de vue, de même qu'elles l'accompagnent rarement d'actions terrain. Il faut dire que ramener la philosophie existentielle au niveau d'un discours de vente ne doit pas être chose facile. Il semble que de nombreuses marques s'engouffrent dans une brèche ouverte par Nike sans se poser la question de leur propre légitimité sur ce type de discours. Nike peut revendiquer un discours de dépassement dans le sport comme dans la vie : c'est ancré dans les racines identitaires de la marque. En revanche, la démarche peut apparaître quelque peu artificielle dans le cas de marques comme LACOSTE ou MORGAN qui n'ont pas de dimension « philosophique » naturelle.

Toujours est-il que les murs de nos villes ne sont pas ornés d'affiches « Big Brother is watching you », comme le prédisait George Orwell, mais d'incantations à devenir nous-mêmes. Le résultat n'est certes pas comparable mais il y a néanmoins une petite ressemblance. Et l'on ne peut que penser aux analyses de Vance Packard qui voyait dans la publicité un « bonheur totalitaire ». Et derrière le pluralisme et le droit à la différence revendiqués se cache le plus grand conformisme.

Les marques n'hésitent plus à utiliser des minorités pour séduire les masses

Durant la période précédente, les marques pouvaient difficilement utiliser les minorités sexuelles ou ethniques pour séduire les consommateurs sur des marchés de masse. Un mode de pensée dominait, les minorités étaient classées un peu en marge de ce modèle.

L'ère postmoderne se construit autour d'un fait marquant : la fragmentation engendre la légitimité de tous les modes de vie. À partir du moment où tout est légitime, la tolérance se développe et les tabous tombent. Et les marques se mettent à utiliser des minorités dans leurs campagnes sans craindre d'être boudées par la majorité des consommateurs. L'utilisation des minorités ne répond pas à une politique de ciblage fin. Elle vise plutôt à afficher une ouverture d'esprit, à montrer que les marques sont en phase avec leur époque.

Sur le modèle créatif exprimé par sa signature « Probablement le seul *soft drink* qui ne soigne que la soif. », SOLO multiplie les exécutions.

Un des films de la marque n'hésite pas à mettre en avant un couple d'homosexuels. Il se déroule à la terrasse d'un café. Une ravissante jeune femme échange quelques œillades avec un jeune homme assis à une table voisine. À leurs regards appuyés, on comprend qu'un courant passe entre eux. Derrière la jeune fille, un homme s'avance vers la table du jeune homme et... l'embrasse sur la bouche. Consternation de la jeune fille qui semble bien déçue. Conclusion : SOLO ne soigne que la soif.

Le marketing des idées s'impose

De même, LEVI'S n'hésite pas à enfreindre les tabous.

> **D**ans un film diffusé en France, l'on voit une sublime jeune femme noire s'installer sur la banquette arrière d'un taxi. La scène se situe à New York, en été. La chaleur est étouffante et crée une ambiance un peu moite et sexy. Le chauffeur de taxi lance des regards intéressés à la jeune femme qui, visiblement, est à son goût. À la fin du film, celle-ci sort un rasoir électrique et rase tranquillement sa barbe naissante. Le chauffeur est dépité. La jeune femme sort du taxi en riant. Conclusion : « Les jeans LEVI'S taillés pour les hommes depuis 1850. »

On peut utiliser à loisir les minorités, à condition de savoir les respecter. Pour la publicité, le règne du politiquement correct, c'est-à-dire le devoir de ne rien dire qui puisse offenser directement une partie de la population, fut-elle très minoritaire, doit être une règle absolue.

Aux États-Unis, société fragmentée s'il en est, les risques d'attaques par des minorités sont plus élevés. En témoigne l'expérience d'HOLIDAY INN, contraint de retirer un film lancé lors d'une récente finale de Superbowl.

> **D**ans un cocktail d'anciens de collège, on voit une belle blonde très sexy se promener. Un homme, genre Américain moyen, la remarque, s'approche d'elle et, mi-dragueur mi-sincère, lui dit : « Je n'oublie jamais un visage... le vôtre me dit quelque chose... » La fille, qui l'a certainement reconnu, lui sourit. Lui continue : « Vous êtes... Bob !!! » On comprend qu'elle s'est fait opérer. Notre Américain moyen, d'abord stupéfait, enchaîne sur une mimique incrédule et dégoûtée. La voix off démarre, expliquant qu'HOLIDAY INN sait changer, comme sa clientèle.

Le lendemain, le *New York Times* fustigeait la publicité, expliquant qu'il était regrettable qu'on affiche son dégoût en public pour ce type de cas, que c'était là une preuve de non-respect et une manifestation d'étroitesse d'esprit. Il n'est pas politiquement correct de manifester son dégoût pour les minorités comme les transsexuels. Le mouvement de protestation était lancé et l'annonceur a dû recevoir nombre de lettres de protestation. Le surlendemain, le film était définitivement retiré des ondes.

La tolérance publicitaire a ses limites. On peut utiliser les minorités à condition de savoir les respecter.

Le développement de la tolérance au nom du sacro-saint « droit d'être absolument soi-même », la fragmentation des valeurs et des systèmes de référence ont permis aux publicitaires de faire de leurs marques les nouveaux prophètes de l'époque.

NIKE, CALVIN KLEIN, LACOSTE, HUGO BOSS, AUDI, APPLE... autant d'exemples de marques profitant du vide des valeurs pour chercher à donner de nouveaux repères à l'individu.

Quelle est la logique marketing derrière ce type de stratégies ?

Première remarque : l'éloignement du produit. Le fait qu'on ne vende pas un bénéfice est un point de différenciation important par rapport aux anciennes campagnes issues des *copy strategies* traditionnelles. Si l'on en croit CALVIN KLEIN ou HUGO BOSS, les promesses de sentir bon, se sentir bien, la fraîcheur ou la séduction ne semblent plus suffire à faire vendre un parfum.

Seconde remarque : on ne vend pas non plus une image de marque. De nombreux parfums des années quatre-vingt et quatre-vingt-dix se sont vendus sur leur image. Ils construisaient une image aspirationnelle, dans laquelle les gens avaient envie de se projeter : le monde de la nuit, du jazz (JAZZ), de la séduction, de la fascination de l'Orient (OPIUM), l'exotisme, le mystère (FIDJI)...

Mais alors que vend-on ?

On peut penser que certaines marques sont arrivées à une troisième étape du marketing. Après le produit, puis l'image, on vend désormais des idées.

Cela implique un changement d'interlocuteur : on ne parle plus à un consommateur pour le convaincre de la supériorité de son produit. On s'adresse désormais à une personne, dont on cherche à partager le système de valeurs.

On travaille ainsi, encore une fois, la relation entre l'individu et la marque plus que la persuasion. La mécanique de projection qui présidait aux campagnes *lifestyle* est simplement décalée. On ne se projette plus dans une marque qui « vit » comme vous rêveriez de vivre, mais on partage les valeurs d'une marque qui pense comme soi. Et l'on crée ainsi une nouvelle proximité.

La relation entre la marque et la personne se densifie. La notion de partage implique l'appropriation par les cibles des valeurs de la marque. Une fois que le consommateur a adopté ses valeurs, la marque qui les diffuse devient plus qu'une marque, un véritable emblème. La mécanique marketing ne travaille pas la connivence (cf. premier chapitre). Elle travaille sur une autre facette de la relation : la communion. Le partage de valeurs et d'idées communes sur le monde et le rôle de l'individu. Les marques qui tentent ce pari savent que les enjeux sont d'importance. Il ne s'agit pas de faire venir occasionnellement l'individu à la marque. Il s'agit de devenir une de ses marques cultes. Il ne se retrouve plus dans les institutions, les systèmes politiques, les débats de société, il partage en revanche les valeurs de quelques marques. Et il construit avec elles une relation privilégiée. La marque devient avant tout une relation.

CHAPITRE 4

Génération mélange

« L'éclectisme est le degré zéro de la culture générale contemporaine : on écoute du reggae, on regarde du western, on mange du MC DONALDS à midi et de la cuisine locale le soir, on se parfume parisien à Tokyo, on s'habille rétro à Hong Kong, la connaissance est matière à jeux télévisés. »
JEAN-FRANÇOIS LYOTARD, Le Postmodernisme expliqué aux enfants

« La logique binaire de la séparation qui a prévalu dans tous les domaines ne peut plus être appliquée en tant que telle. L'âme et le corps, l'esprit et la matière, l'imaginaire et l'économie, l'idéologie et la production, la liste pourrait être fort longue, ne s'opposent plus d'une manière stricte. »
MICHEL MAFFESOLI, Le Temps des tribus

Progrès, Travail, Science, Humanisme... l'ère moderne a établi un ensemble de valeurs homogènes et dominantes. Grâce à elles, il était facile de juger ce qui était proche ou compris dans ces valeurs et ce qui s'en éloignait. L'époque moderne a ainsi mis sur pied un système de distinctions organisées autour de ces valeurs centrales. Séparations qui impliquaient des oppositions.

Oppositions entre le masculin et le féminin, entre le corps et l'âme, le bien et le mal, le matériel et l'intellectuel, l'humain et l'animal, le consommateur et le producteur.

Une des caractéristiques majeures du postmodernisme est l'érosion progressive de ces frontières, qui font place à la juxtaposition de ce qui était auparavant opposé. La postmodernité sonne le glas de la logique duelle de séparation, qui impliquait des images de supériorité et d'infériorité plus que de différence. L'époque postmoderne ne privilégie rien. Elle marque simplement le rejet des anciennes hiérarchies et se contente d'aligner les différences sans pour autant porter de jugement de valeur. Si ces différences sont paradoxales ou contradictoires, elles n'hésitera pas à les assimiler et les conjuguer ensemble.

Fondamentalement, les sociétés posmodernes sont éclectiques et pluralistes.

La publicité s'adapte et privilégie l'éclectisme. Elle a su assimiler la grande leçon de l'équipe de France de football : on peut gagner en mélangeant les styles, les races, en associant les différences et exploitant les complémentarités.

Elle s'attelle donc à une tâche difficile, réconcilier les contraires, associer ce qui était opposé.

Elle s'éloigne des discours cohérents et pérennes, des structures de campagnes homogènes. L'homogénéité est devenue une contrainte plus qu'un atout. L'époque est polymorphe, la publicité le devient aussi. Et elle se met, comme CALVIN KLEIN, à construire ses campagnes sur le mélange d'individus différents, de sentiments différents.

Ou sur la diversité des styles exécutionnels. De plus en plus de campagnes enchaînent des films qui n'ont pas de points communs, si ce n'est des valeurs de marque communes. La plus grande liberté est laissée aux créatifs sur le plan de la forme.

Voyageons un peu dans les champs du social et du culturel pour observer cette nouvelle logique de réconciliation des contraires, de fusion des antagonismes, avant d'observer sa traduction publicitaire.

Le domaine social : l'effacement des distinctions traditionnelles

Le champ du social est le théâtre d'un recul des hiérarchies héréditaires, des anciennes distinctions qui structuraient la société moderne. Tout devient acceptable en l'absence de modèle dominant. Le survol rapide de plusieurs exemples en témoigne.

Les comportements des différentes classes d'âges se rapprochent

La frontière qui cloisonnait les générations devient ténue. La séparation radicale qui marquait l'évolution de l'adolescence à l'âge d'homme, souvent marquée par un rite de passage, n'est plus aussi claire. L'âge de la maturité se fait de plus en plus flou. Les générations de nos parents tranchaient net : on partait au service militaire et on quittait le foyer. Pour les jeunes filles, le mariage était l'étape qui marquait le passage à l'âge adulte et la coupure avec la famille parentale.

Sous l'effet des difficultés à s'intégrer sur un marché du travail difficile, les jeunes prolongent leurs études. Comme l'illustrait avec humour le film *Tanguy* (É. Chatilliez), ils restent donc chez leurs parents plus longtemps, parfois jusqu'à 27/30 ans, vivant de petits boulots et d'aides familiales.

De même, la distinction entre jeunes et vieux se réduit. Nos aînés se convertissent au « jeunisme ». Il suffit de feuilleter un exemplaire du journal *Notre Temps*, le plus lu des magazines pour retraités, pour constater combien les « seniors » ne souhaitent plus être identifiés à des personnes âgées. Ils se convertissent aux sports, aux voyages… bref assimilent des activités traditionnellement réservées aux classes d'âge plus jeunes. Le développement des études entreprises par les retraités, dans le cadre des universités pour seniors, est symptomatique de ces nouveaux comportements. En contrepartie, ils sont moins disposés à mettre en avant leurs différences. L'expérience n'est pas plus valorisée que la sagesse. Le recul, qui faisait la spécificité et l'identité des personnes âgées, n'est plus invoqué.

Que ce soit entre les jeunes et les moins jeunes, ou entre les adultes et leurs aînés, le flou vient brouiller toutes les classes d'âge et les traditionnelles distinctions entre les générations.

99

La bourgeoisie s'émancipe

On a beaucoup parlé des bobos, les fameux bourgeois bohème, comme étant devenus de puissants « leaders d'opinion » en matière culturelle. On était hier prisonniers du modèle traditionnel de la bourgeoisie. Quand on en était issu, le seul choix possible était la rébellion, le rejet complet, ou l'adhésion et la reproduction du modèle et de ses valeurs. Être bourgeois allait de soi, il suffisait d'adhérer à un groupe de valeurs homogènes, centrées autour de la hiérarchie, de l'ordre, du respect des conventions sociales, de la réussite matérielle, du luxe… Une nouvelle élite émerge, imprégnée des idéaux de 68. Les bobos ne font autre que mélanger les valeurs bourgeoises traditionnelles, avec des valeurs issues de la contre-culture des années soixante-dix. Comme l'écrit David Brooks, « ils ont un pied dans le monde bohème de la créativité et un autre dans le monde bourgeois de la réussite matérielle ». Leurs nouvelles valeurs sont la volonté d'authenticité, le changement social, le rejet de l'autorité, la préservation de la nature. Les élites sociales évoluent par le mélange. Ce qui devient un casse-tête pour les équipes marketing. Certaines marques, comme RENAULT, n'hésitent pas à cibler très directement les bobos. Les nouveaux modèles de la marque s'adressant en priorité aux personnes « non conformistes et ouvertes d'esprit ». VEL SATIS, AVANTIME… proposent en effet une esthétique en rupture avec les codes traditionnels et conformistes du luxe automobile, sans pour autant négliger les symboles traditionnels de réussite matérielle.

Le modèle patriarcal est concurrencé

Si la société moderne était fédérée autour du modèle patriarcal, la société postmoderne ne le remet pas frontalement en cause mais conteste sa légitimité en tant que modèle universel. De multiples autres modèles de vie commune se développent.

Le modèle du père et de la mère unis pour la vie par le mariage, avec leurs nombreux enfants, devient minoritaire. En parallèle se multiplient d'autres façons de gérer sa vie en couple : le concubinage, le célibat tardif, la personne seule avec enfant, le couple non marié avec enfant… Le phénomène prend une ampleur sans précédent. La sociologue Irène Théry déclarait au *Nouvel Observateur* que « près de 5 millions de personnes vivent en union libre. 40 % des enfants naissent de parents non mariés ».

100

En conséquence, le débat sur la protection sociale et les cadres juridiques et fiscaux des modes de vie hors mariage se développe. Les minorités revendiquent des droits sociaux équivalents à ceux des couples mariés. D'où une réflexion des sociologues et des organismes gouvernementaux « sur le fait que la situation des familles au regard du droit social et successoral n'ait pas changé », malgré toutes ces mutations. Face à la légitimation de ce qui, hier encore, était perçu comme marginal, de nouvelles questions se posent et alimentent le débat national. Faut-il accorder à l'union libre le même statut qu'au mariage ? Quels droits pour le concubinage, notamment quant aux problèmes de succession et aux droits sociaux ? Quelles sont les implications juridiques des mutations familiales ?

Il y avait « une hiérarchie » des situations familiales, la norme étant bien entendu la famille agglomérée autour des parents mariés. Ce qui dérogeait à cette norme était considéré comme illégitime et donc rejeté ou difficilement accepté. Il suffit de se souvenir du regard réprobateur que devaient affronter les filles-mères il y a quelques décennies et de le comparer à la situation actuelle pour s'en convaincre. Au nom du droit à la différence, tous les modes de vie tendent à devenir légitimes et peuvent désormais coexister au sein d'une même société.

La distinction homme/femme s'atténue

À l'heure où l'on propose d'inscrire la parité des sexes dans la Constitution, la distinction homme/femme, une des dimensions structurantes de la société moderne, s'efface.

Chaque sexe avait des rôles sociaux bien attribués : l'homme avait clairement le rôle dominant en procurant de quoi vivre et en représentant la famille à l'extérieur (étant seul à voter jusqu'en 1944). La femme était tournée sur l'intérieur et avait notamment la charge de l'éducation des enfants et de la bonne tenue du foyer.

Le féminisme est passé par là et le développement du travail des femmes, devenu massif dans les années soixante-dix, a infléchi cet ordre des choses. La frontière n'est plus aussi claire entre les uns et les autres. Les rôles se brouillent. Chacun travaille désormais dans les couples d'aujourd'hui. De même que chacun participe aux tâches ménagères et que l'éducation des enfants n'est plus un monopole féminin. En conséquence, la représentation imaginaire des deux sexes est affectée. La publicité et les magazines véhiculent de plus en plus d'images masculines teintées de féminité : paternité complice, ouverture sur les taches féminines (ménage, lessive...), intérêt pour de nouvelles catégories de produits (cosmétique, soin, bien-être, minceur...). Et n'hésite plus à mettre en avant des produits de teinture destinés aux hommes comme aux femmes (FÉRIA de L'ORÉAL), des images féminines teintées de masculinité (la femme des GLACES GERVAIS tient son entourage en esclavage avec ses glaces) ou à jouer avec le corps de l'homme comme on l'a longtemps fait avec celui de la femme (publicité CARON, présentant des mains de femmes sur les fesses d'un homme).

Même le football, domaine traditionnellement estimé « chasse gardée » des hommes, a été investi par les femmes depuis le Mondial 98. Après la victoire de la France, Élisabeth Badinter, auteur de plusieurs ouvrages sur le sujet (*L'un est l'autre, XY, de l'identité masculine*) déclarait à *Libération* : « Les hommes et les femmes n'ont jamais été aussi ressemblants... il n'y a plus rien qui appartienne en propre aux hommes. »

Les religions font place à une éthique personnelle sur mesure

Nous vivons en plein paradoxe. Les églises se vident alors que la quête de spiritualité n'a jamais été aussi forte. 8 % seulement des français vont à la messe tous les dimanches. Pourtant, le besoin de retrouver des racines spirituelles est fort. Comment expliquer ce paradoxe ? Par le métissage, la construction d'une religion en kit, empruntant aux grands dogmes mais obéissant avant tout à une logique personnelle. L'individu est devenu tout puissant dans notre société. Il refuse les contraintes, souhaite s'inventer lui-même plutôt que de reproduire des modèles préexistants, d'obéir à des destinées déjà écrites. Comme l'observe la sociologue des religions Danièle Hervieu-Léger (*Le Pèlerin et le converti*), la tendance est désormais au « bricolage spirituel ». On n'hésite plus à s'inventer une spiritualité personnelle, empruntant au christianisme, au judaïsme, à l'islam, mais aussi aux religions orientales comme le bouddhisme ou le taoïsme. Les adeptes de spiritualités douces imprégnées de *new age*, de fascination pour la personnalité charismatique du dalaï-lama illustrent désormais une tendance de fond. Le passage d'une religion monolithique et autoritaire à une « religion flottante », présente partout dans une ambiance de spiritualité. Le mélange des religions traduit la dynamique d'émancipation de la personne des grandes contraintes et vérités imposées.

La distinction personnel/professionnel se réduit

La façon dont l'individu organise sa vie est elle-même affectée par ces changements. Hier encore, la césure entre les activités professionnelles et la vie personnelle était claire et nette. Dans son ouvrage *Le Consommateur entrepreneur*, Robert Rochefort observe l'émergence d'un nouveau type d'individu, pour qui la frontière privé/professionnel fait de moins en moins sens. L'auteur se fonde sur l'étude attentive des mouvements de consommation faite au CRÉDOC (le Centre d'études et de recherche sur la consommation), qu'il dirige, pour préciser que :

> « *Les nouveaux objets de consommation vont peu à peu répondre simultanément à des besoins personnels et professionnels : téléphone portable, voiture, logement, produits culturels… »*

Et d'observer que les secteurs porteurs aujourd'hui se situent souvent à la frontière : téléphone mobile qu'on utilise également pour des communications privées et professionnelles, *pagers* qui, venus du monde professionnel, se développent sur un usage privé, accroissement des ventes de micro-ordinateurs et de fax pour un usage domestique… Même le logement devrait évoluer en conséquence afin d'accueillir l'arrivée des technologies du travail sans perdre sa caractéristique de « cocon ».

La société est profondément travaillée par les mutations en cours. Chacune des facettes de l'individu est en évolution. Face à cette déstabilisation potentielle, celui-ci s'adapte et remet en cause son rapport au travail, sa perception du rôle de chacun dans la société, l'organisation de sa vie privée. Mais ces changements n'affectent pas que le social, ils ont aussi une dimension culturelle et politique.

Le champ culturel : la fin des hiérarchies

« On est arrivé à réunir sur le même plan la reproduction de
Van Gogh, la réédition de Dashiell Hammet, le dernier
Kubrick, une cassette d'un film muet rare, une carte postale
représentant un collage dadaïste, la Joconde sur un torchon,
du Stan Kenton, des enregistrements ethnologiques zou-
lous... Tout ça est rangé côte à côte dans le présentoir. Tout
ça doit être consommé côte à côte aussi. »
JEAN-PATRICK MANCHETTE à *Libération*, 15 mars 1982

À l'aube des années quatre-vingt, Jean-Patrick Manchette dessinait les contours d'une nouvelle culture de la consommation, mélangeant les différences, nivelant les hiérarchies.

La culture sous l'influence du marché

Le domaine culturel est un des théâtres privilégiés de cet effacement progressif des barrières. La culture devient un immense puzzle où l'on assemble des parties hétérogènes, voire contradictoires. Nous sommes aujourd'hui probablement au delà de ce que décrivait Jean-Patrick Manchette. Nous ne sommes plus dans une culture de consomma-tion, mais désormais la culture est consommation. Elle est devenue marchandise. Les cultures du monde sont recyclées par la sphère mar-chande. Transformées en produits à vendre, réorchestrées pour plaire au plus grand nombre. Les grandes entreprises sont devenues les prin-cipales productrices de culture : majors musicales, sociétés internet, studios de production, jeux vidéos... les fameux contenus que s'arra-chent les grands capitaines d'industrie, pariant sur leur valeur future par rapport aux contenants. Il faudra bien mettre quelque chose dans les tuyaux de la communication, l'internet haut débit, les chaînes de télévision numérique, l'information délivrée sur les écrans de nos télé-phones mobiles. Ces contenus sont sélectionnés et développés par les multinationales elles-mêmes, qui souhaitent contrôler l'ensemble de la chaîne afin d'accroître leur attractivité auprès de leurs clients, et deviennent ainsi les premières productrices de culture. La culture devient hybride à trop se mélanger à l'univers marchand.

Ainsi du nouveau tour que prend l'information. Celle-ci, pilotée par le marché, se plaît de plus en plus à fusionner deux concepts considérés comme antinomiques : l'information et le spectacle. Les chaînes françaises n'ont pas tardé à suivre l'exemple de CNN. Pour faire face à la dictature des parts d'audience, elles n'hésitent plus à concevoir les journaux télévisés, non plus en fonction de l'intérêt de l'information, mais plutôt selon la capacité des sujets à maintenir les consommateurs attentifs en attendant le fameux écran publicitaire *prime time* de 20 h 30 (le plus cher payé, 53 500 euros en moyenne pour 30 secondes). Ainsi la forme, le ton des journaux télévisés s'en trouvent affectés. Ceux-ci deviennent de simples enchaînements d'images, au détriment de la profondeur des analyses. On cède à la tentation d'inviter des stars médiatiques, plutôt que des personnalités plus compétentes sur les sujets traités. Mais aussi, et c'est plus grave, le fond, c'est-à-dire la nature des sujets choisis, en subit le contrecoup.

Ainsi Pierre Péan et Christophe Nick soulignaient dans leur ouvrage *TF1, un pouvoir* qu'une très grande majorité des sujets traitant de l'islam et de l'immigration, entre la privatisation (avril 1987) et mars 1995, les associaient au terrorisme, à l'intégrisme, la délinquance ou la violence. Sur une moyenne d'un sujet tous les trois jours sur cette période de 8 ans, seuls deux sujets juxtaposaient culture et Islam (« le 10 juin 1993, un sujet sur la culture intégriste en Iran à la veille de l'élection présidentielle ; le 26 novembre 1996, sur une représentation d'*Aïda* à Louxor »).

Sous le règne du marché, l'information fait place à l'*infotainement*, mélange d'information et de divertissement.

La mécanique est la même dans le domaine du sport. Il est loin le temps ou les valeurs désintéressées du sport triomphaient. Jamais le sport n'a flirté d'aussi près avec le business.

Pour devenir une star mondiale, les performances ne sont plus les seules à compter. Il faut aussi savoir séduire et s'exprimer. Le champion doit présenter aux médias une vraie personnalité, émettre des points de vue... ou laisser le charme agir ! C'est ainsi qu'Anna Kournikova est devenue une vedette avant d'avoir gagné un tournoi de tennis important. Propulsés par leurs sponsors, les athlètes deviennent de véritables produits.

À la suite d'un savant calcul, pondérant la personnalité par les performances sportives, on évalue la valeur de chaque sportif. Michael Jordan, star idéale car dotée d'une forte personnalité et d'un vrai talent de communicateur, est allé jusqu'au bout de cette logique. Devenu une vraie superstar médiatique, il a développé en partenariat avec NIKE une marque de vêtements de sport portant son nom. Il semble que la performance sportive ne soit plus qu'un prétexte justifiant le spectacle que représente le sport et ses athlètes. Sous l'impulsion du marché, une nouvelle discipline est née, résultat de la fusion du sport, du business et du spectacle.

L'amalgame entre la culture élitaire et la culture populaire témoigne aussi de cet effacement des vieilles distinctions. Au nom des valeurs modernes, la culture s'était hiérarchisée. La culture dominante, dite classique, celle qui composait les connaissances de « l'honnête homme » dominait l'enseignement universitaire. Elle ne concevait que mépris pour la culture populaire, composée de « littérature de gare », de chanson populaire et de cinéma folklorique.

La culture postmoderne est cool, cosmopolite et décomplexée. Sous l'impulsion du marché, elle balaye les vieilles oppositions. Chacune des principales facettes de la création culturelle est gagnée par une envie de faire cohabiter les contraires, de réconcilier les anciens antagonismes.

Le champ de la littérature illustre cette évolution. L'individu volage et zappeur mélange ses lectures en fonction de l'inspiration du moment et n'hésite plus à faire côtoyer dans sa bibliothèque Mary Higgins Clark avec Marcel Proust et James Joyce. Et pour cause, sous l'emprise du *celebrity system*, l'auteur de best-sellers devient plus célèbre que le prix Nobel.

Un intérêt nouveau est porté à la littérature minoritaire. L'œuvre du prix Nobel noir américain Toni Morrison vient d'être incorporée au corpus classique d'enseignement de l'université de Stanford aux États-Unis.

Les traditionnels « genres mineurs » sont réhabilités. La science-fiction française est en train de renaître de ses cendres. Les grandes maisons d'édition s'y intéressent de plus en plus et les éditions

Baleines proposent désormais une collection (Macno) publiant un ouvrage de science-fiction par mois.

De même, le roman noir bénéficie d'un réel engouement. Après avoir été longtemps confiné au rang de littérature de gare, le roman policier est reconnu comme un genre littéraire à part entière. Patrick Raynal, le directeur de la Série noire, intègre dans sa collection *Œdipe* de Sophocle, actualisé par un universitaire, et définit le roman noir comme étant :

> *« Un regard sur le monde, un regard sur le côté sombre, opaque, criminel du monde, traversé par le sentiment intense de la fatalité que nous portons en nous. »*

Véhicule reconnu d'une certaine vision du monde qui lui est propre, le roman noir obtient ses lettres de noblesse et la reconnaissance qui lui manquait. Ses ventes décollent. En témoigne le succès de la collection *Le Poulpe*. Les auteurs de « polars » sont reconnus comme de grands écrivains. Simenon a été quasi canonisé après sa mort. Jean-Patrick Manchette dépasse la vision du roman noir et s'est installé au panthéon des écrivains contemporains. Même l'éminente revue *Les Temps modernes*, créée par Jean-Paul Sartre en 1945 et gardienne du temple de la culture élitaire, a dédié un numéro entier au roman noir (dont la couverture reproduisait graphiquement un numéro de la Série noire sous le titre « Pas d'orchidées pour les Temps modernes »).

La littérature *pulp*, traditionnellement considérée comme le parent pauvre de la noire est réhabilitée (elle tire son nom du fait qu'on l'imprimait sur un matériau à base de pulpe de papier qui coûtait peu cher et abaissait le prix de revient de ces romans de gare) sous l'impulsion de Tarantino et de Bukowski qui a consacré un de ses derniers ouvrages au genre (*Pulp*). La vision naïve et colorée de la société, les oppositions de personnalités ultra-simplistes, les meurtres sanguinolents ont désormais leur place dans le paysage de l'accueillante culture postmoderne.

Le cinéma n'est pas en reste. *Pulp Fiction* fait d'un genre mineur une œuvre majeure, proposant un nouveau regard sur le cinéma moderne. *Volte-Face* de John Woo cristallise un mélange inattendu entre le cinéma d'auteur et le savoir-faire de la série B asiatique. Ce maître du policier naïf et expressionniste, aux effusions romantiques à l'eau de rose (*The Killer*...) est désormais reconnu par les *Cahiers du cinéma*. La thématique même de *Volte-Face* traite du flou artistique qui brouille la frontière entre le bien et le mal.

Un flic (John Travolta), qui mène une petite vie bien tranquille, partagé entre sa femme et sa fille, voue une haine féroce à un truand d'envergure (Nicolas Cage). La raison : celui-ci a tué son fils quelques années auparavant. Une opération leur permet d'échanger leurs visages. Le flic prend le visage du truand et épouse sa vie, et vice-versa. Le début de la métamorphose se passe mal : chacun des deux protagonistes rejette en bloc le mode de vie de son rival (activité, amitiés, famille...). Nicolas Cage est brutalement confronté à la vie familiale routinière de Travolta. Ce dernier ne supporte pas d'être pris pour le truand. Progressivement les deux héros s'adaptent à leur nouvelle vie. Travolta constate que la vie de Cage n'est pas le mal absolu et qu'elle inclut certains aspects positifs. Cage prend goût à la vie de famille.

Morale de l'histoire : le bien et le mal ne sont pas séparés par une frontière aussi rigide qu'elle en a l'air. Les repères sont plus flous. Dans une optique très asiatique, le mal est dans le bien ; le bien est dans le mal.

L'industrie hollywoodienne a intégré l'évolution postmoderne des sociétés occidentales. Et elle sait s'adapter. Greg Araki, jeune réalisateur de films typés ados, à dominante visuelle (*The Doom Generation*, *Nowhere*), déclarait ainsi au journal *Libération*, en parlant de son prochain film :

> « *Cela s'appelle Splendor, c'est sur les relations romantico-sexuelles de deux types et d'une fille sur le mode comédie des années trente, sur fond de techno et de jungle, un truc complètement fragmenté, très postmoderne.* »

Fragmentation, mélange des temps et des styles, déstructuration du couple, tout y est ou presque ! Autant de signes qui laissent à penser que l'industrie hollywoodienne, toujours soucieuse de coller aux attentes de son public, s'intéresse elle aussi à la postmodernité.

Génération mélange

L'art lui-même témoigne de la réconciliation de ce qui a longtemps été en opposition forte. Quoi de plus éloigné que l'art et le commerce ! Deux sphères bien délimitées et imperméables l'une à l'autre. Le mur séparant les deux disciplines est pourtant en train de se fissurer, sous l'impulsion de Fabrice Hybert.

Représentant officiel de l'art français à la biennale de Venise en 1997, l'artiste a construit l'ensemble de son œuvre autour de cette idée. Son œuvre touche à de multiples champs artistiques (dessin, peinture, sculpture, photographie, vidéo…). Elle vise à juxtaposer les contraires, à réaliser des croisements inattendus.

Ainsi, elle multipliait les clins d'œil à des animateurs connus de la télévision française et montrait comment une chaîne fonctionne. L'œuvre d'Hybert, où l'art flirte avec le commerce et les médias, est un signe parmi d'autres. Elle illustre les glissements progressifs de disciplines autrefois opposées, qui lentement, tendent à se rapprocher. Elle contribue à enraciner l'exposition « Hybermarché », précédemment organisée à l'Arc, qui jouait sur les mots et proposait un univers où chacune de ses œuvres était étiquetée comme dans un centre commercial. Celle-ci réconciliait déjà deux mondes traditionnellement opposés : ceux de l'art et de l'entreprise. L'œuvre représentant la France à Venise nous faisait voyager à l'intérieur de la chaîne de production d'images d'une station de télévision, perception d'une société ouverte au mélange et au métissage des genres.

Pour la musique, les grands succès mondiaux témoignent de l'abolition des barrières géographiques et culturelles.

Dans la chambre de Richard, 16 ans, on croise le dernier album des Beastie Boys, un disque de musique cubaine, le *Requiem* de Mozart et un classique des Stones.

La *World music* devient populaire, planétaire et branchée. Depuis quelques années, plusieurs labels se disputent la diffusion des musiques du monde, dont le fameux « Real World » créé par Peter Gabriel. On se met à écouter du blues malien ou des rythmes soufis. Après sa mort, le génial pakistanais Nusrat Fateh Ali Khan a été consacré superstar. La musique cubaine suscite le même engouement. Ainsi, comble des hasards de la vie, il aura fallu à Compay Segundo et Ruben Gonzales atteindre les âges canoniques de 90 et 78 ans pour obtenir la consécration internationale qu'ils ont attendue toute leur vie avec l'aventure du Buena Vista Social Club.

Les succès planétaires mélangent les décennies ou les styles. Les Chemical Brothers ont fait un carton en mélangeant rock et techno. Le groupe Air, porteur de la *French Touch*, conquiert le monde anglo-saxon en mélangeant les influences musicales, des Pink Floyd à Françoise Hardy !

Même la musique classique semble concernée par ce phénomène. Le jeune compositeur new-yorkais Aaron Jay Kernis, consacré par la presse comme star montante du classique américain en 1997, n'hésite pas à métisser ses œuvres. À la structure classique d'une symphonie, il ajoute des accords de jazz, joue avec les musiques populaires. Dans *News and Dance*, il associe une basse électrique avec des bruits de la rue comme les sirènes ou le sifflet, qu'il incorpore à un orchestre. Le compositeur a assimilé l'influence des musiques populaires du XXe siècle (jazz, comédies musicales...) et multiplie les références à des genres autrefois exclus. Le *Sacre du printemps* de Stravinsky y croisera le pianiste de jazz Bill Evans dans un *Nocturne*...

La mode elle-même mélange et recycle. Les marques de *street wear* plébiscitées par les ados sont souvent issues d'autres domaines, recyclées. Ainsi de CATERPILLAR qui a su habilement profiter de l'attraction spontanée des jeunes pour le look « chantier ». La marque s'est déployée sur le segment des vêtements et chaussures branchés, ciblés ados. Ou de LACOSTE qui s'est fait apprécier des jeunes des banlieues jouant sur le contraste entre leur réalité quotidienne et le côté chic un peu suranné de la marque au crocodile.

Les magasins eux-mêmes se plaisent à mélanger les fonctions. Et, après Londres et New York, on voit éclore dans les rues commerçantes parisiennes des magasins qui développent une facette restaurant. Du branchissime Colette qui propose des mets recherchés et décalés dans un univers minimaliste au VIRGIN MÉGASTORE, de la boutique EMPORIO ARMANI du boulevard Saint-Germain à Paris aux magasins CELIO ou à HABITAT, nombreuses sont les enseignes qui se mettent au *food in shop*. Adaptation du commerce aux désirs et au plaisir des consommateurs ou signe du grand melting-pot de la nouvelle culture postmoderne ?

Le monde de la consommation n'est pas en reste. Les grandes marques exploitent leur image et leur notoriété pour dépasser les frontières de leur domaine de compétence initial. C'est ainsi qu'ÉVIAN a lancé AFFINITY, une gamme de produits de soin. Crème hydratante, fluide démaquillant... le rapport à l'eau est lointain mais est exploité par le marketing de la nouvelle gamme. De même que CONTREX lance CONTREX BEAUTÉ, des produits destinés à améliorer le rayonnement de la peau. L'intérieur et l'extérieur du corps ne sont plus distincts. L'aromacologie montre bien cette tendance. Après le succès des bougies parfumées agissant sur notre humeur, les lancements de parfums « actifs » ne se comptent plus (COLORESSENCE de DIOR...). Ils sont énergisants ou relaxants (AROMA TONIC et AROMA CALME de LANCÔME). Les gels douches ne se contentent plus de leur fonction nettoyante, mais comprennent désormais des agents hydratants (GARNIER SKIN NATURALS, DOVE...). Bref le vieux principe marketing « un produit-une promesse-un bénéfice » est fortement remis en question. La consommation évolue vers le mélange de bénéfices différents, à partir d'un simple produit.

L'univers du branché n'a pas été le dernier à prendre la mesure du phénomène. La culture *underground* longtemps confinée aux seuls initiés, et d'autant plus orgueilleuse qu'elle concernait peu d'adeptes, s'est mise à fréquenter les hit-parades et le grand public. La génération 68 parvenue aux commandes des majors du cinéma et du disque est attentive aux tendances de la contre-culture. En parallèle, les jeunes créateurs se prêtent volontiers au jeu, d'autant plus qu'il peut être à l'origine de revenus considérables.

Et l'on voit Doc Gyneco, qui a commencé de façon radicale chez les *rappers* banlieusards du Ministère Amer, rassembler autour de son œuvre et sa personne. Il a la faveur des hit-parades et ses interviews dans le journal *20 ans* n'entament pas le « capital respect » dont il bénéficie auprès des initiés. De même, pour reprendre cet exemple, le succès du groupe Air est multi-facettes. À la frontière de nombreux courants musicaux, allant de la pop à l'*easy listening* en passant par la chanson française, le groupe a connu le succès avec son album *Moon Safari*. Il a ensuite coloré le film *Virgin Suicides* de S Coppola d'une bande son années soixante-dix. Non content d'abolir la frontière entre les genres musicaux, Air s'offre un succès commercial et médiatique tout en conservant l'estime des milieux branchés qui l'ont vu naître.

Et pour cause, les grosses majors internationales font œuvre de réconciliation et travaillent désormais la main dans la main avec les labels indépendants, produisant les jeunes artistes branchés. C'est ainsi que chez Epic, on voit se croiser Pascal Obispo, chanteur glamour pour midinettes, et NTM, groupe de rap de combat...

Tarantino est le parfait exemple de cette nouvelle tendance. En remettant au goût du jour tout un univers culturel alternatif, allant des *comics books* aux romans *pulp*, il séduit les masses en restant branché. Son aspect consensuel ne l'empêche pas d'être « culte ».

Chaque nouvelle culture a besoin de ses bastions : La Villette prend le pas sur les ambassadeurs de la culture institutionnelle et devient celui de la culture postmoderne. C'est un succès populaire évident, avec plus de dix millions de visiteurs annuels enregistrés. Et ce succès est le fruit d'une politique à géométrie variable, à la frontière de l'élitisme, du grand public et du métissage culturel. Contrairement aux principaux centres culturels nationaux comme le Centre Pompidou ou le Louvre, qui assurent une programmation homogène, La Villette se fait le diffuseur de cultures variées. Ainsi se conjuguent les expositions témoignages de la culture traditionnelle « Devoir de mémoire », « Guerre et paix »... avec du cirque (spectacle « Que-Cir-Que »). Ou encore se croisent les concerts de musique classique avec des spectacles de musique berbère, des expos ethniques sur les Navajos ou la culture caraïbe.

À la frontière du populaire et de l'élitisme, du national et du cosmopolite, La Villette a su se créer une place à part dans le paysage culturel français. Son succès s'explique par une programmation métissée qui vient à la rencontre des attentes de l'époque.

112

Ce phénomène de métissage, de réconciliation des contraires allant de pair avec un effacement des barrières concerne aussi la vie politique et citoyenne.

Ainsi, les fameux *spin doctors*, les conseillers en communication des gouvernants anglo-saxons, prennent un poids considérable en Angleterre comme aux États-Unis. C'est sur leur conseil que le président Clinton a voté l'abolition du *Welfare State* aux États-Unis, acte politique lourd s'il en est. Le marché se réconcilie avec les affaires de l'État, et le fait que l'on vende désormais un homme politique comme un produit ne choque presque plus personne.

Les « affaires » le montrent bien : la frontière entre le criminel et le légal est de plus en plus floue. Les barrières dressées par la société moderne étaient fortes : le crime était considéré comme une véritable maladie de société qu'il fallait éliminer et punir, en tout cas exclure. Si l'on en croit le magistrat Jean de Maillard dans son ouvrage *L'Avenir du crime*, la frontière entre crime organisé et légalité est de plus en plus ténue. Mais écoutons-le plutôt :

> *« Les entreprises multinationales sont censées correspondre à un schéma traditionnel, le plus légitime, d'intégration sociale, de progrès, d'efficacité. Or, on s'aperçoit que, par glissements successifs, au travers de la corruption, ces entreprises vont ressembler de plus en plus à des mafias globales. On peut se demander si les cas de ELF ou du CRÉDIT LYONNAIS ne sont pas des exemples de cette tendance naissante. Inversement, plus les mafias s'élargissent, plus elles dépendent de la société globale... et plus elle se confondent dans leurs formes avec une multinationale. »*

Que penser de ce tour d'horizon de champs culturels disparates ? Au-delà des divergences, force est de constater qu'un point commun apparaît dans chacun de ces champs : les barricades dressées par le modernisme tombent les unes après les autres. La culture moderne excluait ce qui ne lui appartenait pas. Elle dressait des barrières, établissait des hiérarchies.

Celles-ci s'effacent au profit d'un grand melting-pot culturel où toute prise de parole est légitime, où le mélange des styles et des genres devient la règle. Les contraires peuvent désormais coexister de façon harmonieuse, de nouveaux équilibres s'installent.

113

Un constat d'ensemble se dégage : le rôle du marché se développe sans cesse. Le système de valeurs moderniste faisait office de régulateur, en édictant les priorités et les hiérarchies. La logique du marché s'impose désormais. Elle préside à la création de nouvelles juxtapositions, plaide pour la réconciliation de champs auparavant opposés. À partir du moment où il y a un marché, où l'on peut vendre et séduire, on est prêt à s'associer, à se regrouper. Les magasins créent des restaurants pour être dans l'air du temps et offrir un service supplémentaire, visant à séduire et fidéliser leurs clients. L'*underground* ne rechigne plus à séduire le grand public. C'est aussi parce que les chiffres de vente sont là. Bien entendu, la même logique est à l'œuvre pour les chaînes de télévision qui adaptent leur journal aux chiffres d'audience, ou dans le domaine du sport où le vedettariat va croissant. Les barrières modernistes éclatent sous la pression du marché et du marketing, qui de plus en plus joue un rôle central dans la société postmoderne. Comme le constatent les universitaires Firat et Venkatesh dans l'article « Postmodernity, the age of Marketing » paru dans le *International Journal of Research in Marketing* en 1993, le marketing devient l'instance centrale et régulatrice des sociétés postmodernes. Acteur à la fois de la fragmentation de la société, des phénomènes de juxtaposition et du règne de l'image sur le réel, le marketing s'impose comme le nouveau paradigme.

Le domaine culturel tend à confirmer ces analyses. Tout devient culturel sous le règne de l'industrie et du marketing... dans la mesure où cela fait vendre !

La publicité joue la carte du mélange

L'érosion des distinctions implique le mélange des styles et des genres. La pub n'hésite pas à surfer sur la tendance et s'adapte, tant au niveau du fond qu'à celui de la forme.

Les publicitaires ont assimilé le fait que l'ère n'est plus au manichéisme, qu'il faut savoir s'adapter, jouer la carte de la fusion, du collage de styles différents. La fragmentation des campagnes s'accompagne donc de la superposition de styles totalement différents les uns des autres. Les campagnes des années soixante-dix/ quatre-vingt cherchaient un maximum de continuité et de tolérance.

Lorsqu'on évaluait le potentiel des idées créatives en agence, l'un des critères était : « L'idée créative est-elle déclinable dans le temps ? »

La pub postmoderne n'a que faire de ces critères. Elle marque une rupture avec le principe de continuité. La marque s'approprie quelques valeurs centrales et veille à les décliner sur chacune de ses prises de parole. Elles servent de lien entre les différentes exécutions. Au-delà de ce principe de cohérence, c'est la diversité, le mélange qui domine. On le retrouve à trois niveaux : le style, l'individu, les valeurs.

Le mélange des styles

POLAROID a réussi un spectaculaire redressement créatif au cours des dernières années en mélangeant des styles créatifs n'ayant aucun rapport les uns avec les autres. La marque était en voie de marginalisation rapide. Aucune innovation forte n'ayant vu le jour au cours des précédentes décennies, POLAROID se contentait d'exploiter son savoir-faire unique, l'instantanéité. Mais elle se heurtait au double handicap d'une qualité souvent décevante et d'un prix très élevé (environ 100 F la pellicule de dix photos soit 10 F la photo). Les campagnes publicitaires se succédaient sans parvenir à résoudre le problème ni à trouver un angle stratégique fort et durable. Les jeunes générations se désintéressaient de la marque, et être vu avec un POLAROID pouvait même passer pour un signe de mauvais goût.

L'agence anglaise BBH a gagné le budget pour l'Europe entière. Elle a surpris le milieu publicitaire en administrant à la marque un véritable électrochoc créatif. Le principe de mélange des styles et des situations a pris le pas sur les vieilles théories de cohérence et de continuité des exécutions créatives. C'est en juxtaposant des idées créatives et des traités très éloignés les uns des autres que la marque est parvenue à éviter le déclin.

Le premier film de la campagne était déconcertant par rapport à la réalité de la marque : au petit matin, un jeune « raver » arrive directement après la fête dans une pharmacie et demande des produits contre le mal de tête. Il illustre à quel point le mal est puissant en montrant une photo POLAROID de la « rave » au pharmacien. On ne voit pas ce qu'il y a sur la photo, mais chaque fois qu'il la montre, le son assourdissant de la musique techno fait irruption dans la pharmacie.

Signature : « POLAROID Live for the moment » (aussi en anglais dans les pays non anglophones).

Le second film présente un concert rock ou la star est adulée par ses fans. Une jeune fille trop éloignée pour se faire remarquer de la star lui fait passer une photo dans la foule. Le spectateur ne voit pas ce qu'il y a dessus, mais l'effet est immédiat, la star se jette sur elle.

Les films suivants continuent à surprendre par la diversité des situations mises en scène. Le principe de réalisme n'est pas pris en compte. On utilise des situations irréelles, sans chercher à provoquer de sentiment d'identification de la part du spectateur.

Ainsi, dans l'un de ces films, on voit un jeune Japonais qui vient de perdre son travail. Il réfléchit dans le train et décide d'envoyer une photo au patron qu'il déteste. On ne voit pas la photo, mais on peut imaginer en voyant le sourire du jeune homme, l'effet qu'elle aura sur son ex-boss.

Un autre encore montre une jeune fille angélique qui arrive en enfer. Son air de petite fille rangée contraste avec l'environnement décadent et brutal du lieu. On la remarque. On l'amène au diable. Elle lui présente une photo que bien entendu, le spectateur ne voit pas. Le diable prend un air consterné. Ses disciples s'emparent de la photo. Au vu de ce qu'il y a dessus, ils projettent le diable dans les flammes de l'enfer et la jeune fille le remplace sur le trône avec un petit sourire satisfait.

La campagne s'appuie sur quelques principes simples.

Les vraies situations d'utilisation de photos POLAROID sont rarement excitantes. Restaurant, dîner entre amis, soirée en famille… peu d'aspérités pour donner l'occasion aux créatifs de développer un film susceptible d'être remarqué et mémorisé.

L'agence a donc choisi des situations toujours irréalistes, où l'on ne voit pas la photo se faire. Mais elle est allée plus loin pour faire d'une faiblesse une force : elle ne montre jamais les photos. On s'aperçoit de leur force par le biais de l'effet qu'elles produisent sur la vie de ceux qui les voient. Le consommateur peut ainsi imaginer le meilleur au lieu d'être confronté à la décevante réalité produit.

Autre principe, un concept fédérateur fort : avec « Live for the moment » l'accent est mis sur la spécificité technique de la marque, l'instantanéité. Celle-ci est utilisée comme simple support. Ce qui compte c'est la capacité des photos POLAROID à transformer le moment présent, à agir sur l'existence des gens. Dans chacun des films, la présentation de la photo déclenche un effet immédiat, qui peut tout changer à une situation donnée.

Enfin, le renouvellement permanent des idées créatives fait fi des vieux impératifs de continuité et de durabilité des campagnes. A l'ère de l'encombrement de l'image, du clip et de la vidéo, POLAROID renouvelle autant que possible ses films. Ce qui compte n'est plus la cohérence des exécutions mais le respect rigoureux des valeurs de la marque dans chacun des films (l'effet que l'apparition des photos produit sur le moment). Et, à l'instar de LEVI'S, POLAROID n'hésite pas à juxtaposer des styles de réalisation différents en fonction des idées.

Le mélange des individus

Le mélange des personnalités et des différences raciales a le vent en poupe. C'est une des clés des succès de l'équipe de France de football.

C'est aussi un des leviers du succès des groupes de filles, depuis l'émergence des Spice Girls, il y a déjà quelques années, jusqu'aux plus récentes promotions de *Pop Stars* et autres *Star Academy*. Les Beatles, « quatre garçons dans le vent » étaient extrêmement homogènes. Jeunes garçons de Liverpool à leurs débuts, figures phares de la scène contestataire dans les années soixante, ils ont évolué dans la même direction. À leur façon, les Rolling Stones étaient aussi un groupe homogène. La diversité est devenue un des points centraux de la personnalité des nouveaux groupes à succès. Pilier des stratégies marketing des majors du disque, qui ont compris tout le parti qu'on pouvait en tirer, elle contribue à les positionner.

CALVIN KLEIN a senti bien avant les autres la puissance marketing du concept de mélange. Et a imposé le succès de CK ONE, son produit phare, sur cette idée.

La fragrance même du parfum n'est pas sexuée. CK ONE fera de cette spécificité son idée de vente. Et jouera sur le melting-pot, la juxtaposition d'hommes, de femmes, de Noirs, de Blancs, de riches, de pauvres... bref, cherchera à faire passer l'idée d'un parfum pour tout le monde.

> **L**e film montre des jeunes défilant un par un face à la caméra, sur fond blanc. Ils sont tous différents : hommes, femmes, gros, maigres, habillés ou torses nus, Noirs ou Blancs, cheveux longs façon *grunge* ou rasés... ils illustrent le pluralisme du monde vu par CALVIN KLEIN. Leurs conversations s'entrecoupent. Certains parlent vacances, d'autres cuisine ou Brooklyn. Finalement, la jeune fille porte-parole du produit apparaît. C'est l'anti-top model : cheveux courts à la garçonne, son poids dépasse largement les normes publicitaires habituelles. Elle déclame le mot d'ordre de la marque : « Un pour tous, un ; pour moi, pour toi, pour tout le monde. Un, c'est moi, c'est toi, c'est nous tous ensemble. »

Tous différents mais tous pareils, telle est la devise fusionnaliste de CALVIN KLEIN.

Prenant à contre-pied les codes d'un marché très sexué et centré sur la mise en avant de profils masculins ou féminins idéalisés, la marque surprend son monde et impose CALVIN KLEIN comme un des nouveaux génies du marketing. Au-delà d'une démarche marketing intelligente, brisant la convention d'un marché sexué pour proposer un produit mixte, le succès de la campagne provient de son ancrage dans la logique de l'époque. La marque jouait sur un levier postmoderne fort, le principe de la juxtaposition des contraires, l'assemblage des différences.

Le mélange des valeurs

Les publicitaires les plus avisés ont découvert le principe du « marketing du sentiment fluctuant ». L'individu n'est plus monolithique, il ne répond plus à des logiques facilement décodables : il fluctue, dans ses valeurs, ses humeurs, ses envies. Il n'appartient plus à un camp mais se rallie, l'espace d'un moment, à certaines causes ou attitudes. Même si ces comportements peuvent parfois sembler contradictoires.

© Éditions d'Organisation

Certaines campagnes jouent donc sur le mélange d'émotions contrastées, de sentiments opposés. Un même individu peut les enchaîner, tout en restant parfaitement cohérent.

Ainsi, le film DIESEL *Porno* joue sur le flou des valeurs, le manque de sens et de repères. Il n'hésite pas à associer des comportements que la morale considère comme radicalement antinomiques.

> **U**n homme est réalisateur de films porno. La scène se passe sur un tournage. Il encourage vivement les acteurs et les bruiteurs à aller plus loin, pour donner l'impression d'un plus grand plaisir.
>
> Il sort de la pièce située dans l'arrière-cour d'un magasin de livres. Sur le pas de la porte, une voiture l'attend : sa famille est à l'intérieur. Visiblement, sa femme et ses enfants sont convaincus qu'il est libraire. Il les embrasse tendrement, s'installe au volant, et la petite famille part en week-end.
>
> Sur la voiture, un autocollant proclame « Family, Morality, Order. »
>
> Quand il entend ses enfants imiter les bruitages du film, il stoppe brusquement la voiture.
>
> Signature : « DIESEL, for a successfull living. »

Derrière un scénario qui peut sembler loufoque se cache une logique implacable. Surprendre le consommateur en lui proposant la fusion de valeurs contradictoires. Montrer qu'un même homme est pluriel, peut avoir plusieurs facettes, et parfois des facettes cachées. Il est loin, l'individu moderne, unitaire et fédéré par les valeurs dominantes. Les barrières entre le bien et le mal s'effacent progressivement et font place à la juxtaposition des styles et des comportements. La cerise sur le gâteau, le clin d'œil aux initiés : l'utilisation savamment relayée par les relations publiques d'une vraie star du porno. Là encore, l'objectif est simplement la connivence, le jeu avec la culture médiatique du consommateur. Ceux qui savent pourront se dire que c'est très bien vu…

L'air du temps est décidément à la fusion et au mélange des genres. Fort du succès de CK ONE, CALVIN KLEIN récidive dans un autre registre avec le lancement de son parfum CONTRADICTION.

Le nom même laisse entendre la variation des humeurs au gré des envies, la juxtaposition de styles homogènes parfois… contradictoires.

L'accroche de l'annonce presse, « elle est toujours et jamais la même », installe cette idée de fluctuation de l'individu, d'un profil écoutant plus ses envies que les idées reçues. L'individu postmoderne n'est plus unitaire et homogène. Les publicitaires s'en sont aperçus et cherchent à le cerner jusque dans ses contrastes.

Dans un autre registre, AXE, marque de déodorants d'ÉLIDA FABERGÉ, a conçu son plus beau film sur la prise à contre-pied des codes traditionnels de la séduction.

Après s'être attachée à conserver une continuité des codes exécutionnels au détriment du fond, AXE s'est trouvée dans une situation critique au début des années quatre-vingt-dix. La décision fut de faire table rase du passé, de jouer le renouvellement régulier et permanent des exécutions, et de se concentrer sur la cohérence et l'immuabilité des valeurs de marque. Autour d'une promesse centrale, « AXE stimule l'attractivité sexuelle d'un homme », la marque s'est relancée avec succès au cours des dernières années. Le film marquant le relancement d'AXE a surpris en inversant les rôles. Il a marqué le passage de la séduction homme/femme à la séduction femme/femme.

> **L**'histoire : le matin, le réveil a sonné en retard. Une jeune femme en retard doit quitter l'appartement conjugal et ne trouve pas son déodorant. Prise par le temps, elle utilise celui de « son mec » encore endormi. À peine arrivée dans la rue, elle s'aperçoit qu'elle dégage une attraction nouvelle auprès des femmes. Certaines l'abordent dans la rue, lui adressent des regards évocateurs. Elle comprend vite que le déodorant de son petit ami n'y est pas étranger. Furieuse, elle rentre au domicile conjugal où son ami dort encore et lui demande des explications.

Derrière ce petit scénario original, la marque surfe sur des valeurs ancrées dans l'air du temps. Elle bouscule les schémas traditionnels de la séduction homme/femme et flirte même avec l'homosexualité féminine. Les rôles sont inversés : la marque prend à contre-pied le modèle du macho irrésistible, séduisant les jeunes filles incapables de résister à son charme. Derrière le message, la barrière entre la séduction homme/femme et femme/femme, pourtant taboue, prend un coup de vieux.

Résultats : des parts de marché stimulées, un Lion au Festival de Cannes.

L'érosion des frontières

On retrouve le principe du mélange dans l'association de genres différents. Les marques se mettent à proposer des formats hybrides. Cherchant à se différencier, ou à délivrer des messages plus complets, elles n'hésitent pas à emprunter à d'autres registres de communication.

Mélange du feuilleton et de la publicité

La célèbre campagne NESCAFÉ a inauguré ce style. Elle a tenu la France en haleine en jouant sur le principe du suspense, propre aux feuilletons TV. La campagne empruntait largement aux codes traditionnels des sitcoms. Le principe de la petite histoire dont on ne peut connaître la fin qu'en regardant l'épisode suivant la situait à la frontière de la publicité et du feuilleton.

> **R**appelons le principe : un couple de divorcés se voit de temps à autre autour des enfants. Malgré des reprises de contact souvent un peu froides, ils retrouvent vite la chaleur qui les unissait auparavant autour d'une tasse de NESCAFÉ. Une simple tasse et c'est tout un univers de souvenirs qui refait surface et qui visiblement trouble nos divorcés. Vont-ils renouer ?

En Angleterre, la marque de détergents SURF, appartenant au groupe LEVER, a choisi un format exécutionnel proche de celui de NESCAFÉ, celui du feuilleton. SURF était une marque sérieusement menacée, au profil d'image vieillissant. Sans réel avantage produit, la concurrence de marques plus récentes et performantes la mettait en danger. Pour générer l'impact nécessaire à un relancement, SURF est allée jusqu'à utiliser deux vedettes du petit écran, popularisées par la série TV à succès *Birds of a feather*.

Dans le feuilleton publicitaire, les deux comédiennes jouent le rôle de deux voisines et amies. Elles sont confidentes et partagent tous leurs petits secrets. Sauf un : le détergent qu'elles utilisent. Au début de la série, l'une connaît SURF et refuse de livrer son secret à sa voisine. Les résultats sur le linge sont impressionnants et son amie est interloquée : comment peut-elle parvenir à de tels résultats ? Elle essaye par tous les moyens d'en savoir plus et de découvrir le secret. Chaque nouveau film ajoute un épisode à la saga. Quand le filon commence à s'user, la voisine finit par découvrir SURF, qu'elle adopte immédiatement.

L'utilisation de deux vedettes du petit écran et le format régulier de progression d'une histoire *via* les différents films situent la campagne à la frontière de la pub et du feuilleton. Résultats : la marque qui était en perdition au début des années quatre-vingt a repris du poil de la bête (gain d'environ 5 points de part de marché sur quatre ans) et vient talonner les marques proctériennes DAZ et BOLD pour la quatrième place du marché.

Le phénomène de mélange des styles et des genres allant en se développant, on peut se demander si les marques ne vont pas trouver de nouveaux formats d'expression, poussant cette logique à son extrême. Ainsi, on peut imaginer dans un futur proche des sitcoms ou feuilletons produits par des marques et dont le scénario serait centré autour de celles-ci et de leurs produits. Pourquoi NIKE ne nous offrirait-elle pas une petite série quotidienne ou hebdomadaire sur le monde du sport ?

Mélange information/publicité

La publicité emprunte de plus en plus à d'autres formes d'expression : l'information en est une. « L'infomercial » associant publicité et information sur le produit, comme le publi-rédactionnel en presse, a fait long feu.

À mi-chemin entre l'information et la publicité, les infomerciaux, ces formats publicitaires longs (généralement autour de trois minutes) avaient pour vocation de construire un scénario autour du produit. Souvent utilisés pour des produits technologiques, offrant suffisamment de complexité pour permettre le développement d'un argumentaire long, les infomerciaux ont fait fureur aux États-Unis. Ils ont séduit les annonceurs en délivrant un message exhaustif. Mais, rapidement, leur succès s'est évanoui. Après une réaction de curiosité, les consommateurs/spectateurs se sont déclarés lassés par un trop long discours commercial. Au lieu de travailler pour la marque, les infomerciaux finissaient par aboutir à l'effet contraire, une lassitude générant une perte d'agrément pour l'annonceur.

L'informercial a disparu, vive ses successeurs. Les marques continuent à inventer de nouveaux formats publicitaires visant à nous informer. Mais plus sur le produit. Plutôt sur un sujet capable de rassembler une importante communauté d'intérêt, et de préférence en rapport avec la marque. C'est LEROY MERLIN qui a lancé ce phénomène avec le succès de ses programmes courts « Du côté de chez vous », présentant des maisons originales, faisant preuve de créativité et valorisant l'activité de bricolage. Un tel succès a fait des envieux. ORANGE a ainsi lancé « Les making of d'ORANGE », des programmes courts d'information visant à raconter la réalisation d'un film.

Pour les médiaplanneurs, tous les moyens sont bons pour dépasser le format contraignant d'un spot de quelques secondes ou d'une page dans la presse. Et la publicité se développe sur des formats hybrides pour surprendre, être là où on ne l'attend pas, ou profiter de moyens permettant de parler plus longuement de son produit.

Les hiérarchies culturelles s'effacent. Les comportements comme les individus se métissent. Les contraires se juxtaposent.

Réussir une belle campagne, c'est souvent l'inscrire dans les valeurs dominantes de l'époque. Si RODIER a connu le succès que l'on sait dans les années quatre-vingt, c'est parce qu'elle s'est ancrée sur un fort courant d'émancipation féminine. L'époque est désormais au mélange : on ne fera jamais assez de place à la diversité !

La publicité s'adapte et se déstructure. Après avoir multiplié les efforts pour construire des territoires exécutionnels pérennes, pour identifier des concepts déclinables, inventer des sagas, les publicitaires changent de discours.

La prime ne va plus à la cohérence raisonnable mais à l'association des contraires, au mélange complémentaire des individus, des styles et des valeurs. L'époque se veut plurielle, la publicité en prend bonne note.

CHAPITRE 5

La vérité n'est plus dans le produit

Notre culture a changé. L'image, l'abstrait, l'irréel tendent à prendre le dessus sur la réalité concrète. Véhiculée par la télévision, le cinéma, les jeux vidéo, internet, la publicité… l'image s'impose. Et pour cause ! Celle-ci a un avantage sur les mots : elle exprime instantanément, et de façon décodable par tous, le sens d'une idée. Dans certains cas, elle peut même démultiplier la force d'un événement. La catastrophe du 11 septembre n'aurait pas tout à fait eu la même résonance dans le monde entier sans les images des avions percutant les tours, qui ont immédiatement fait le tour du monde.

La plupart des nouveaux moyens de communication privilégient l'image sur le discours, la forme sur le fond. Nous entrons dans l'ère de ce que chercheurs et sociologues appellent « l'hyperréalité », qui signifie la prise du pouvoir par l'image. Ce qui était initialement du domaine de la simulation ou de l'image devient réel.

Comme le précise le sociologue Jean Baudrillard, sous l'impulsion des médias de masse, nos sociétés ont franchi un pas : le signifiant prend le dessus sur le signifié. C'est-à-dire que les signes verbaux ou visuels qui représentent les choses et objets réels se détachent de leurs référents. Par le moyen des diverses formes de communication moderne, le simulacre devient roi. Les images se substituent au réel !

Aperçu du marketing de l'image

Bien entendu, les domaines du marketing et de la publicité sont particulièrement exposés à ce type de phénomène.

Prenons l'exemple d'un déodorant. Littéralement et dans sa définition fonctionnelle, il s'agit d'un produit destiné à neutraliser les odeurs corporelles. Pourtant, si les publicitaires s'en tiennent à cette définition, leur message frôlera la platitude. D'autre part, il ne sera pas suffisamment « aspirationnel » pour les consommateurs (un déodorant qui neutralise les odeurs, c'est bien la moindre des choses, et cela ne fait pas franchement rêver). Enfin il ne sera pas différenciateur et spécifique, et ne donnera donc pas de raison d'acheter telle marque plutôt que telle autre.

On crée donc un sens nouveau et symbolique qui sera associé au déodorant. Jean Baudrillard avançait dans les années soixante-dix que nous ne consommons pas des objets, mais le sens symbolique de ces objets. On échappe à la valeur d'usage pour consommer la valeur d'image ! Et plutôt que d'acheter un simple déodorant, les consommateurs achètent désormais un sens symbolique, créé par la publicité.

Ce sens peut être véhiculé de quatre façons différentes :

- *Par le territoire image de la marque* (beauté, côté sexy ou familial…). Ce qui justifie que les publicitaires et annonceurs soient si attachés aux « baromètres image » qui synthétisent le profil image de leur marque et suivent son évolution dans le temps. BOUNTY s'est ainsi approprié le territoire de l'exotisme. Et le décline de manière systématique. Non plus au premier degré, cela a désormais été fait pendant trop longtemps mais en utilisant plutôt le jeu des références, afin de transformer l'exotisme en expérience personnelle. L'action n'est plus située dans les mers du Sud, mais dans le quotidien du consommateur (au musée, dans la rue…). La consommation de la barre chocolatée stimule l'imagination et propulse immédiatement dans un univers teinté d'exotisme. On ne vend plus tant le produit que l'expérience imaginaire que celui-ci génère. La marque de café CARTE NOIRE capitalise sur l'univers de la séduction et du mystère et communique au fil des années sur le territoire du « café parfum ».

- *Par des valeurs propres à la marque comme la rébellion, le rêve, ou encore le dépassement...* Celles-ci n'ont pas besoin d'être en rapport direct avec le produit. Il suffit qu'elles soient « aspirationnelles » et déclinées dans le temps de manière cohérente. La marque cherche à préempter un imaginaire en phase avec les désirs, les attentes du moment. Le rapport à l'alimentaire change, privilégiant le lien entre alimentation et santé. DANONE s'approprie cet imaginaire et repositionne ses marques clés comme ÉVIAN ou LU sur la valeur santé. Le bien-être devient une valeur centrale dans notre société stressée et fatiguée. KENZO lance KENZOKI, toute une gamme de produits cosmétiques et d'ambiance, qui, sur le principe de l'aromathérapie, sont destinés à générer un sentiment de bien-être.

- *Par un profil consommateur.* Plutôt que d'acheter un produit et son bénéfice fonctionnel, on craquera pour l'image que l'on se fait de ceux qui le consomment. Ainsi, même si leur vision de la marque n'est pas partagée par tous, les acheteurs de PORSCHE ont en tête qu'il s'agit de la marque des gagneurs et des séducteurs. Les acheteurs de montres TAG HEUER se sentiront plus proches de la marque s'ils sont sportifs. Normal, la marque insiste depuis plusieurs années sur le fait que TAG HEUER est la montre idéale des sportifs ! Et finalement, avouons-le, cela arrange un peu aussi les possesseurs de cette marque de se vivre en sportifs...

- *Par la vision que la marque porte sur son marché.* Les publicitaires se plaisent à répéter que « la réalité n'existe pas ». Que les marques doivent créer la réalité en faisant preuve d'autorité et en imposant leur propre vision du marché et du rôle qu'elles ont à y jouer. Selon certains, la marque doit prendre le pouvoir sur le consommateur et ses concurrents. On est loin du principe moderniste postulant que la réalité est ce qui est défini comme tel par l'expérimentation scientifique. Était vrai ce qui pouvait être prouvé. Dans le monde de l'image, est vrai ce qui est reconnu comme tel par une communauté de personnes.

« Image », « valeurs », « profils de cibles », « vision », autant de façons d'associer des signifiants externes au produit. Et de faire en sorte que ces signifiants deviennent la principale raison d'acheter des produits en lieu et place du produit lui-même. Progressivement, les signifiants se détachent du produit et acquièrent liberté et autonomie. L'immatériel associé à une marque devient le principal motif d'achat et de différenciation entre les marques. Le consommateur se prête au jeu et tend à préférer la simulation au réel, l'image au référent. Son comportement peut s'expliquer. Sur des marchés de grande consommation, souvent banalisés, la variété et la richesse des images est souvent beaucoup plus séduisante que le simple énoncé de la fonction des biens de consommation les plus basiques. La base de l'hyperréalité est certainement le sens du spectaculaire, qui implique une propension à jouer avec les images. Ce registre publicitaire se manifeste bien entendu nettement plus fortement sur des marchés de « croyance », comme par exemple le marché des parfums, où l'opinion que l'on se fait d'un produit prend le dessus sur la réalité de celui-ci. Il est en revanche moins pertinent sur des marchés comme l'automobile où le produit continue de jouer un rôle important.

Nombre de marques se vendent sur leur image plus que sur leurs produits. L'exemple de FERRARI aux États-Unis est édifiant à cet égard.

Comme constructeur de voitures de sport exceptionnelles, FERRARI a développé une légende. Autour de cette légende, la marque a véhiculé « une certaine image » du propriétaire de FERRARI. Image composée de valeurs comme la performance, la réussite, la séduction, et allant de pair avec les traditionnels codes de la marque : le logo du cheval en jaune et noir sur fond rouge.

Cette image a été exportée sur d'autres marchés que celui de la voiture de sport. Marché des clubs de golf, des porte-clés, des blousons, lunettes… Aujourd'hui le business que représentent les produits dérivés est cinq fois plus élevé aux États-Unis que celui du métier d'origine, la construction automobile. Cinq fois plus ! Un bel exemple du pouvoir de l'image, qui peut en arriver à prendre le pas sur la réalité. Les hommes de marketing ne sont pas passés à côté du phénomène et font de l'image le point clé des extensions de marque.

L'avènement du virtuel !

Tout au long de son œuvre, le philosophe Paul Virilio souligne le rôle de la vitesse : informations, déplacements... immédiateté, temps réel... Du fait de la vitesse, le monde semble trop petit. Il s'épuise, devient une prison de laquelle on ne peut s'échapper que par le virtuel.

Peut-être est-ce la dernière conquête possible dans un monde étroitisé, épuisé, où l'on perd le rapport au corps, au matériel. Qu'en est-il de la grandeur des choses quand on peut aller à Tokyo en quelques heures et que les informations du monde entier défilent sur notre écran d'ordinateur. Seul le virtuel, dernière « contrée sauvage » ou « terra incognita », nous offre les possibilités de conquête, d'exploration de nouveaux mondes, quand le quadrillage physique et géographique de la terre a été effectué.

Et le philosophe de poursuivre :

> *« Quand nous aurons toutes les interactivités que nous voulons, que nous irons à Tokyo en deux heures grâce aux avions hypersoniques, il est évident que le sentiment de l'étroitesse du monde deviendra rapidement insupportable. Nous aurons perdu la grandeur de la nature. »*

Allant de pair avec la révolution des transports, la révolution des communications a contribué à étroitiser notre monde. Perte du monde, de notre conscience du monde : temps réel, immédiateté, instantanéité... Il s'agit de la conquête d'un nouveau territoire, d'une autre réalité que celle du réel, dans un monde qui n'existe pas. C'est l'effacement de la présence physique au profit d'une présence immatérielle.

Pas à pas, la logique du virtuel progresse, prend ses marques et s'intègre dans notre quotidien. Cette dynamique revêt plusieurs facettes. On connaît d'une part l'importance croissante que prennent les jeux vidéos dans l'existence des jeunes. SONY a vendu 25 millions de PLAYSTATION 2 en deux ans. MICROSOFT a séduit 1,5 millions d'acheteurs en trois mois aux États-Unis. Le marché des jeux vidéos dépasse désormais l'industrie du cinéma.

Consommateurs privilégiés d'une culture du virtuel, les jeunes se construisent en substituant les sensations réelles par des sensations technologiques. L'univers de l'*entertainment* a bien compris cette nouvelle culture et se met à multiplier les personnages virtuels, qui prennent une importance croissante dans notre vie quotidienne. Personnages de jeux vidéos, présentatrices TV, personnages de films, créatures artistiques ou médiatiques, ceux-ci se développent et envahissent notre quotidien. La consécration de Lara Croft au rang de première star virtuelle est un signe des temps. L'héroïne du jeu vidéo *Tomb Raider*, immense succès mondial, tient désormais sa place dans le top 5 des stars de la culture jeune. Accédant à une notoriété mondiale, elle fait la couverture des magazines, du journal anglais *The Face* à *Libération* en France. Le plus surprenant est que cette créature purement immatérielle réussit à créer des phénomènes d'identification de la part des jeunes, comme une vraie star du cinéma. Et que, pour la première fois, le réel part d'un point de départ virtuel : les stylistes, musiciens et designers, s'emparent de cette créature d'image et en dérivent des produits bien réels.

Les technologies sont prêtes à peupler notre imaginaire de créatures semblables. Et, comme l'écrivait O. Séguret dans *Libération*, on peut se demander si Lara n'est pas « une sentinelle avancée d'un peuple virtuel encore à nos portes ». Il semble clair cependant qu'elle a fait des émules ! Dans un élan prométhéen, les personnages virtuels finissent par s'affranchir de leur destin et se développent en investissant de nouveaux champs commerciaux ou industriels. On les retrouve dans le monde de l'art : Ann Lee, héroïne virtuelle issue de l'univers manga a été une des principales attractions de la Biennale de Venise 2001. Dans la musique : en sortant son premier tube au Japon, Kioko Date est devenue la première chanteuse virtuelle à succès. À la télévision, où les présentatrices virtuelles se multiplient, suivant l'exemple d'Anacova, la star anglaise. Et même du côté des demandeurs d'emplois : Ève Solal a fait sensation en proposant sa candidature à nombre d'entreprises... alors qu'elle n'existe pas (www.evesolal.com). Capitalisant sur cette dynamique, le cinéma flirte avec l'univers du jeu vidéo et conçoit des films réalisés en images de synthèse, reconstituant la réalité dans ses moindres détails.

Tout le monde a été frappé par la perfection technique des personnages de *Final Fantasy*. Le moindre battement de cil ou mouvement de cheveux d'Aki Ross, l'héroïne, semblait plus réel que la réalité. Les échanges de personnages jeux vidéos/cinéma semblent particulièrement bien fonctionner. *Tomb Raider* et *Final Fantasy*, *Resident Evil* sont issus d'un jeu vidéo, quand *Shrek*, sera à son tour adapté en jeu vidéo. Nous n'en sommes qu'aux prémisses, mais il semble que notre imaginaire collectif commence à se peupler de créatures virtuelles. Les prévisions inquiétantes du film *Truman Show*, où un pauvre individu se voyait devenir à son insu l'objet d'un jeu vidéo, se concrétisent. Où se situe la frontière entre réel et virtuel dans les personnages de *Loft Story* ?

Les adolescents commencent à accrocher à leurs murs des stars virtuelles. Encore pittoresque, anecdotique ? Pour combien de temps ? Bientôt, les programmes virtuels, iront plus loin. Certains cinéastes ont traité le sujet (*Strange Days* de Kathryn Bigelow, *Existenz* de Cronemberg…). L'avenir des jeux vidéos est dans les accessoires : casques, gants… qui reproduiront la « vraie vie », ses expériences, ses sensations, dans des conditions virtuelles. Ainsi tel jeu pourra simuler les sensations d'une relation sexuelle avec une personne inconnue, ou d'un voyage sous les tropiques, sans en avoir les inconvénients. Les innovations se multiplient sur ce marché pour reproduire les sensations du réel, pour stimuler les sens des *gamers* : image 3D, son parfait, diffuseur d'odeurs sont déjà parmi nous. On peut par exemple déjà prêter son visage au héros du jeu. Dans certains jeux, c'est désormais vous qui vous faites massacrer. D'autres proposent des souris qui diffusent des sensations tactiles pour plus de réalisme (vibrations d'une bombe au moment de l'explosion, sensation de la force centrifuge au volant d'une voiture de course, en plein virage…).

De façon plus diffuse, moins spectaculaire que cette invasion de personnages virtuels, nous côtoyons tous quotidiennement un monde d'images avec lesquelles nous entretenons une relation plus ou moins intime. Les médias, la publicité, le cinéma construisent un monde virtuel, qui évolue en parallèle du nôtre. Chacun d'entre nous vit dans la réalité quotidienne et en même temps a une vie d'images. Ce n'est pas seulement au cinéma que l'identification avec des gens idéaux se passe. La publicité dépasse largement le cadre de la publicité. Elle rejoint le cinéma dans le rôle de fournir une réalité virtuelle à tout le monde. Elle crée des personnages idéaux, dans lesquels, même inconsciemment, nous ne pouvons nous empêcher de nous projeter, de nous identifier.

Rimbaud avait raison : « Je est un autre » ! Notre identité se dilue dans les univers virtuels qu'elle fréquente. Internet, les jeux vidéos, la projection au cinéma... autant d'univers ou nous recréons des personnages. Sur les *chat rooms* anonymes du net, où la règle est l'utilisation d'un pseudonyme, on devient quelqu'un d'autre. Dans le feu de l'action d'un jeu vidéo de combat, on n'est plus tout à fait nousmême, on devient mentalement un autre... Dans cette nouvelle bulle personnelle, l'espace réel s'efface au profit du temps réel. Toute la société de l'image est construite sur le principe de la double identité, et les plaisirs qu'elle peut procurer.

Même si certains critiquent le pouvoir croissant des images dans les sociétés occidentales (triomphe des apparences sur l'essence, perte de substance...), force est de constater que ce rôle se développe.

Mais le phénomène ne concerne pas que le futur, il prétend nous offrir une révision virtuelle de l'histoire. Certains faits ou personnages historiques se détachent progressivement de leurs racines réelles et de leur contexte pour devenir de simples images. L'histoire de Che Guevara est ainsi revisitée. La mode *revival* du Che célébrant le 20e anniversaire de sa mort a illustré la mécanique de « déréalisation » de l'histoire. Le personnage a été mythifié par les médias comme incarnant une certaine image du romantisme (vivre vite et mourir jeune), à l'égal de Rimbaud ou James Dean. Le marché s'est vite emparé du mythe et les documentaires, les CD, le merchandising se sont développés, véhiculant une image *soft* de l'ancien leader castriste.

Pas moins de deux interprètes ont diffusé des versions différentes de la fameuse chanson engagée *Hasta Siempre*. Un hit imparable en a résulté. Et il suffit de voir le clip pour comprendre que les idéaux révolutionnaires de la chanson se sont vite effacés devant le glamour de la chanteuse. Les tee-shirts à l'effigie du Che ont été largement diffusés. Ils ont même été, avec le fameux béret, la dotation d'un jeu dans certains magazines féminins. Gagnez la casquette du Che pour tout abonnement souscrit ! De même qu'on pouvait se procurer aux concerts de Renaud le tee-shirt à l'effigie du Che, avec le visage de Renaud à la place de celui du héros.

Le phénomène de déréalisation de l'histoire apparaît ici dans toute son ampleur. Il ne faut pas oublier que le Che représentait l'aile gauche du gouvernement castriste. Il a fini par être écarté car il avait publiquement pris des positions beaucoup trop radicales face à l'URSS de Khrouchtchev. La brouille entre les deux États qui aurait pu en résulter eût été désastreuse pour les Cubains qui tiraient une grande partie de leurs ressources économiques de l'aide de l'Union soviétique. Aussi Che Guevara a-t-il été invité à disparaître et a-t-il décidé d'aller propager des *focos* de révolution dans d'autres pays d'Amérique latine, et notamment en Bolivie où il a trouvé la mort.

Le mythe révisé par le marketing et les médias dont on nous a inondés est donc bien loin de la réalité. Pourtant l'image de romantique engagé du Che tend à prendre le dessus sur la réalité. Non pas pour les historiens ou les divers acteurs de l'époque mais pour la majorité des gens, tous ceux qui ne connaissent l'histoire que de loin ou qui n'étaient pas impliqués dans cette période.

La séduction exercée par le monde de l'image touche tous les champs. Celui du *star system* et de l'*entertainment* s'est rapidement converti à la nouvelle culture.

Les vedettes elles-mêmes perdent progressivement leur ancrage dans la réalité pour devenir des icônes abstraites. Cantona est-il hyper-réel ?

On peut se poser la question. La réalité de joueur de foot du personnage s'est effacée devant le mythe qu'il s'est créé.

Cantona, c'est désormais une image. Image de révolte, de masculinité, de virilité, savamment dosée avec un petit côté poète et rêveur. Chacune des apparitions médiatiques de Cantona installe à sa façon cette image.

Sa composition dans *Le Bonheur est dans le pré*, ses pubs BIC, LIPTON, comme ses multiples prestations pour NIKE exploitent ce « territoire ». On soulignera notamment l'un des premiers films de NIKE utilisant Cantona.

© Éditions d'Organisation

Celui-ci était filmé en plans serrés, cadrés sur son visage. Il avouait tous ses forfaits (avoir cogné sur un supporter, craché sur un arbitre...) avant de se demander s'il allait pouvoir trouver un sponsor. Signé : « NIKE. »

Ou bien le film *Légionnaire* où il proclamait le code d'honneur de la Légion. Rôle qui convenait parfaitement à son profil. Quand NIKE utilise à nouveau Cantona, désormais arbitre, dans la campagne de la Coupe du monde 2002, c'est toujours ces valeurs qu'il s'agit d'exploiter.

Même les actes « réels » qu'il a pu accomplir sont ensuite repris et « idéalisés » par les images. Ainsi du fameux épisode où la star en colère avait frappé un supporter dans un stade. Cantona s'était contenté de déclarer aux journalistes : « Les mouettes suivent le chalutier dans l'espoir de trouver quelques sardines », puis avait quitté la salle.

SHARP a construit un infomercial sur le sujet. Celui-ci était une merveille d'humour : Cantona y multipliait les références à cette fameuse conférence de presse, restée dans les annales. L'infomercial reprend la citation et va jusqu'à centrer le scénario sur cette phrase. Et voilà un film publicitaire construit sur une déclaration médiatique.

On est loin de sa réalité d'ex-star du foot. Cantona s'est créé un personnage, au fur et à mesure de ses apparitions médiatiques. C'est désormais une image dans l'esprit du public. Il véhicule des valeurs et peut les mettre au service de ceux qui sauront le convaincre.

Ces exemples témoignent d'une « dématérialisation » de notre culture. Après ALCATEL, qui a fermé ou vendu ses usines, LEVI STRAUSS vient d'annoncer la fermeture de six usines aux États-Unis. La production est désormais sous-traitée et délocalisée. La firme déclare vouloir devenir « une organisation concentrée sur le marketing et la conception de produits plus qu'un fabricant ». Il n'y plus aujourd'hui que deux usines LEVI STRAUSS aux États-Unis Ce phénomène est analysé par Jeremy Rifkin dans *L'Âge de l'accès* (aux éditions la Découverte). Les évolutions des communications engendrent une mutation sans précédent : aux marchés se substituent les réseaux,

aux biens, les services... la propriété, à laquelle s'est longtemps identifié le capitalisme, fait place à la notion « d'expérience personnelle » vécue par un consommateur. Il est maintenant plus important de jouir d'un bien et de multiplier les « expériences » de consommation, même pour un temps limité, que de posséder un bien. Au point qu'une nouvelle discipline universitaire, le « marketing expérientiel » est en train d'émerger.

La pub vend de l'hyperréel pour faire acheter du réel

Un éléphant filmé du dessous nage tranquillement dans l'eau d'une baie merveilleuse, aux couleurs éclatantes. L'impression est unique, voir nager un éléphant ainsi n'est pas une chose commune. La scène est paisible, elle est rythmée par la célèbre chanson *J'attendrai*. L'éléphant se rapproche progressivement d'un petit bateau où une jeune femme dévore un roman, en lui tournant le dos. Elle ne peut donc pas savoir ce qui se passe. Arrivé contre le bord du bateau, l'éléphant subtilise une des bouteilles de Coca à l'insu de la jeune femme qui ne s'est aperçue de rien. En dédommagement, le pachyderme laisse quelques cacahouètes sur le bateau. Tranquillement, il s'en retourne là d'où il était venu. Signé : « Toujours Coca-Cola. »

Le produit est présent, bien sûr. Il est même au cœur d'un scénario conçu pour véhiculer l'idée de désirabilité. Mais il n'est plus qu'un prétexte à la construction d'une petite histoire créative et sympa qui se fera remarquer et obtiendra de bons taux d'agrément. Ce film est symptomatique. Il illustre une nouvelle génération de campagnes qui s'éloignent délibérément du produit.

C'est l'avènement de la publicité dite « hyperréelle ». Elle n'a qu'une règle : parler de tout sauf du produit. Quelle prise de conscience par les annonceurs et leurs agences ! La vérité serait donc ailleurs que dans le sacro-saint produit ?

Nombre de campagnes se déréalisent, perdent leur ancrage dans le produit et n'y font plus référence. Bien entendu, il est là, mais comme simple prétexte à proposer une publicité créative.

Les films cherchent à raconter une histoire amusante ou originale, dont le produit bénéficiera en écho. Les affiches ou annonces presse se contentent de mettre en scène le produit de façon surprenante, mais sans accroche qui en vante les mérites.

Il faut reconnaître que cette tendance n'est pas généralisée, et qu'on a peu de chances de la trouver sur certains types de marchés orientés produit comme les nettoyants ménagers ou les détergents. Néanmoins, sur des marchés ou des cibles plus orientés image, ce qui compte désormais pour rendre un produit désirable, c'est le signifiant (la publicité) et non pas le signifié (le produit).

L'objet de la publicité est en fait de créer un spectacle qui éveille le plaisir et l'intérêt, qui soit remarqué et donc mémorisé. Bref, dont on ait envie de parler dans les cours de récré ou autour de la machine à café.

Comme le soulignent les Américains, il faut rendre la marque *cool*, c'est-à-dire branchée, en prise directe sur l'air du temps. Et ce qui fait les marques *cool*, ce sont des campagnes *cool*, qui représentent en elles-mêmes un spectacle. La publicité ne sert plus un argumentaire produit. Elle devient un objet en soi. La marque et le produit bénéficient de la créativité par effet de renvoi, mais la créativité n'est pas au service direct du produit.

Bien sûr, le produit doit être *cool* lui aussi. Et c'est tout le travail des *cool hunters*, les fameux chasseurs de *cool*, qui opèrent sur les marchés les plus sensibles aux tendances. Leur métier : représenter une fenêtre de l'entreprise sur le monde de la rue. Autrement dit, identifier les faiseurs de modes, les rencontrer, les faire réagir sur de nouveaux produits, en discuter avec eux. Dans un second temps, ils « brieferont » les stylistes ou les commerciaux pour les orienter dans la direction jugée adéquate.

C'est ainsi qu'en observant le retour d'un besoin de simplicité chez les jeunes après des années orientées sur la technologie, ils ont conseillé à la marque CONVERSE de relancer la fameuse CONVERSE ONE STAR, devenue un symbole de la Génération X aux États-Unis (sur la célèbre photo de Kurt Cobain sur son lit de mort, l'Amérique entière a remarqué qu'il portait des CONVERSE ONE STAR noires).

Le produit doit être *cool*, mais ce n'est pas à la pub de l'annoncer. On ne décrète pas : « Regardez comme je suis branché. » Les jeunes voient tout de suite si une paire de baskets est à leur goût. C'est au stylisme et aux fonctionnalités produit de faire leur job, la pub fera le sien, celui de plaire, d'attirer l'attention.

Quel chemin parcouru par la publicité depuis les fameuses *copy strategies*. Celles-ci représentaient le format classique de briefing des créatifs, utilisé par des générations de publicitaires. Ce format, encore en usage dans nombre d'agences, est construit autour de la notion de promesse et de bénéfice produit.

La promesse, c'est ce que le produit ou la marque déclare accomplir (la lessive X lave plus blanc que les autres). Le bénéfice est la façon dont le consommateur réagit à l'accomplissement de la promesse (dans un blanc pareil on est rayonnante). Parfois il est séparé en deux types de bénéfices : le bénéfice fonctionnel et le bénéfice psychologique.

Ce discours doit s'appuyer systématiquement sur du tangible, on doit prouver ce qu'on avance. Ici intervient le troisième pilier de la *copy strategy*, la *reason why*, c'est-à-dire la preuve. C'est un fait produit qui justifie et rend crédible l'affirmation de la marque (elle lave plus blanc car elle contient des agents effervescents).

Le principe même de la *copy stratégy* est d'articuler le discours autour de caractéristiques produit (ou service pour les banques et autres sociétés d'assurances). Le nouveau principe publicitaire, du moins pour certaines marques, est avant tout le spectacle. Se faire remarquer parce qu'on est *cool*.

La marque qui incarne le mieux cette tendance est probablement BUDWEISER aux États-Unis.

Leader historique du marché de la bière, elle est devenue, à l'instar de COCA-COLA, une véritable institution de la culture américaine. Rien de bien nouveau à annoncer sur le produit pour les publicitaires, pour une marque connue de tous, où la différence n'est pas évidente à faire passer. Qu'à cela ne tienne ! Depuis de longues années, BUDWEISER rafle les palmes de créativité des festivals en inventant de mini courts métrages toujours plus éloignés des racines produit. Voyons un peu l'historique de communication de la marque.

En 1996, BUDWEISER avait ravi les spectateurs avec une histoire de fourmis.

> **C**elles-ci ramènent dans leur fourmilière une bouteille de BUD en la portant sur leur dos. À force d'efforts conjugués de milliers de fourmis, celles-ci parviennent à dresser la bouteille sur la fourmilière. On entend le bouchon sauter et la bière couler à l'intérieur de la fourmilière. Une musique très *dance* apparaît alors, émanant de l'intérieur de la four-milière. On imagine ce qui s'y passe...

1997-1998 : c'est la saga des crapauds.

> **D**ans un univers de marais type bayou en Floride, c'est une nuit d'un calme absolu. On entend simplement le bruit des crapauds et autres insectes. La caméra se centre sur les crapauds en train de coasser tranquillement. Ce bruit s'organise et on peut entendre de manière distincte un coassement signifiant : « Bud ». Puis un autre son guttural vient occuper l'espace : « Wei ». Enfin, un troisième son s'ajoute : « Ser ». Les syllabes sont encore prononcées dans le désordre.
>
> Finalement, les crapauds enchaînent dans l'ordre leurs coassements : BUD-WEI-SER, BUD-WEI-SER. La caméra décadre et l'on aperçoit le reflet d'un bar au milieu des marais qui affiche au néon BUDWEISER, se reflétant sur l'eau. Ce plan constitue le *packshot*, il vient conclure le film.

Compte tenu du succès obtenu par ce film, l'agence a imaginé une suite pour l'année suivante.

> **A**u bord du même marais, des lézards observent les cra-pauds en « concert » BUDWEISER. Ils sont furieux de ne pas avoir été sélectionnés, malgré la qualité de leur audition au casting BUDWEISER. Ils discutent des avantages des figures qu'ils auraient pu réaliser pour le spot : coup d'œil glamour, effets de langue... Le film se termine simplement par la pro-messe d'une revanche de la part des lézards.

Ce film marque à sa façon l'apothéose de la publicité auto-réfé-rentielle. L'ancrage dans la réalité produit est oublié. La publicité s'appuie non plus sur des caractéristiques produit mais sur de l'imaginaire. La marque développe ainsi un langage second degré, supposé installer une connivence avec ses consommateurs : « Vous avez vu et apprécié la publicité des crapauds, on vous en propose un second épisode » semble dire BUDWEISER à ses fidèles. En s'autocitant, la marque se positionne aussi en leader, en référent dans le paysage publicitaire de son marché. BUDWEISER fait acte d'autorité.

La célèbre marque de bière présente la plupart de ses nouveaux films à la finale du Superbowl, les championnats nationaux de football américain. Du fait des chiffres d'audience considérables, les grands annonceurs sont prêts à payer un prix faramineux pour un spot de 30 secondes. L'objectif est simplement de faire partie de l'événement, donc de s'affirmer comme une grande marque du paysage publicitaire américain. La finale du Superbowl est devenue LE rendez-vous publicitaire américain, attendu par les téléspectateurs et longuement préparé par les marques qui y jouent gros.

> Le film présenté au Superbowl par BUDWEISER en 1997 met en scène le jeune gardien de la centrale électrique approvisionnant tout New York. Elle est activée par une souris qui pédale sur une roue positionnée devant une bouteille de BUDWEISER. Le gardien s'absente quelques secondes, une femme de ménage passe et enlève la bouteille. Tout New York s'éteint. Affolé, le gardien revient et réinstalle la bouteille à sa place. La souris se remet à pédaler et New York s'éclaire. Les néons lumineux au sommet des immeubles se rallument les uns après les autres et le film se termine sur un néon BUDWEISER dans la nuit new-yorkaise.

Le produit est bien un prétexte à la conception d'une publicité créative. Il est absent des deux films *Crapauds* et *Lézards*, qui se concentrent sur la marque. Il est présent dans les films *Fourmis* et *Lumières* mais simplement comme faire-valoir de petits scénarios, dont l'ambition n'est autre que de divertir. Pourtant il y aurait des choses à dire sur une bière, et les autres bières ne s'en privent pas.

On parle habituellement (indépendamment de la loi Évin, bien spécifique à la France) d'un bénéfice de rafraîchissement. Ou encore de caractéristiques produit (sa saveur unique, son amertume tempérée, ses ingrédients bien spécifiques comme le malt). Parfois on évoque ses origines et le savoir-faire des brasseurs de génération en génération depuis plusieurs siècles. Et même la convivialité du moment qu'on peut passer autour d'une bonne bière.

Budweiser a ensuite enchaîné sur la fameuse saga *What's up* (Wazza pour les intimes), qui a fait le tour du monde. L'engouement pour cette campagne fut tel que sa visibilité s'est considérablement accrue, notamment grâce à sa récupération sur le net. De produit, toujours pas. Mais plutôt de l'humour, du décalage, et de l'identification dans un certain quotidien des consommateurs. On n'est plus ici dans la métaphore du spectacle mais dans le portrait d'une génération de consommateurs, leurs rites, leur langage. Tout au long de son histoire publicitaire, Budweiser a proposé des films bien éloignés de ce à quoi les grandes marques de bière nous ont habitués.

Pourtant la marque maintient son statut de numéro un du marché, et ce sont des produits bien réels que l'on achète. La pub a évolué : désormais, il faut vendre de l'hyperréel pour faire acheter du réel !

Cette tendance se développe sur les marchés européens, et notamment le marché français. La campagne Air France en est un bon exemple. La campagne se situe dans la continuité de films de cinéma, usant fortement du registre du sensoriel, comme *In the mood for love*, *Mulholland Drive* ou *Millenium Mambo*. Souvent, le scénario y importe moins que le ton, l'atmosphère créée par les enchaînements d'image. Dans la campagne Air France, le message passe par la forme. Celle-ci participe pleinement à la construction d'une personnalité de marque. L'annonceur n'énonce pas explicitement son message. Pourtant, celui-ci passe ! Sérénité, bien-être, absence de stress, centrage sur la personne, effacement de l'appareil au sens d'outil, dont la puissance écraserait l'individu… Rien de tout cela n'est dit. Pourtant les artifices de forme font passer le message. La musique créée une ambiance. La petite taille de l'avion, et notamment le rapport de taille entre l'appareil et l'être humain, toujours au premier plan, contemplant un minuscule avion comme on en voit loin dans le ciel, est inscrite dans le principe même de la campagne. Celle-ci aboutit à la perception d'un univers centré sur l'individu et non pas sur la domination de l'appareil. Les mots sont limités à la signature de marque « Pour que le ciel soit le plus bel endroit de la terre ». Mais le message passe par la forme. Celle-ci véhicule une promesse. Le consommateur se trans-

© Éditions d'Organisation

forme en capteur, en réceptacle d'expériences sensorielles. Mais l'efficacité du message est démontrée. Chaque grande agence souhaite désormais avoir sa campagne « sensorielle ». La marque NOOS s'est ainsi lancée sur cette mécanique publicitaire qui vise à installer par la forme des valeurs de modernité, sérénité, fluidité, simplicité... La publicité se sophistique. On est loin des messages rabâchés par la publicité des années soixante-dix (« Ma lessive lave plus blanc », « X, les soutiens gorges des femmes bien dans leur époque »). Bienvenue dans l'ère de la *com'design*.

Le lancement publicitaire européen de la X BOX de MICROSOFT s'est fait sans référence directe au produit.

> Le film commence lors d'un accouchement. Un bébé est expulsé du ventre de sa mère, comme le bouchon d'une bouteille de champagne. Il traverse les airs comme un missile. On voit simplement le bébé survoler sa vie, vieillir et devenir progressivement adulte. Devenu vieux, il atterrit à toute vitesse... directement dans sa tombe ! Signature : « X Box : Play More. »

Le produit, ses caractéristiques, son prix, les usages possibles qu'on peut en faire, ne sont pas montrés. La publicité se contente de préempter une valeur et de créer un spectacle autour de celle-ci. Message : la vie passe vite, jouez. X BOX de MICROSOFT se positionne d'entrée de jeu en leader en proposant une apologie du jeu. En même temps la marque émerge du fait de la dimension extrêmement spectaculaire de la campagne et se différencie de son concurrent PLAYSTATION 2, qui s'adresse directement au consommateur en lui proposant de mener une « double vie » virtuelle. Ce qui compte dans la campagne X Box n'est donc pas le produit. Celui-ci fera l'objet de nombreux articles et commentaires entre joueurs. La publicité vise avant tout à construire de la préférence par la valeur de spectacle de la campagne, et la préemption d'une valeur.

Cette « méthode » publicitaire n'est pas nouvelle. De nombreuses marques cassent l'ancrage produit pour se concentrer sur une valeur apparemment déconnectée du produit, mais néanmoins différenciante. L'essentiel est alors de s'approprier cette valeur dans l'univers mental des consommateurs. Un produit pourra toujours être imité, une valeur jamais. C'est ainsi que KOOKAÏ, tout au long de son histoire publicitaire, n'a poursuivi qu'un seul objectif : s'approprier une image, celle d'une domination imaginaire des femmes sur les hommes.

> **L**e film montre des hommes qui sont en train de nager. La caméra décadre, on s'aperçoit qu'ils nagent dans une cuvette de WC. Une jeune fille les observe. Elle s'en lasse rapidement et, avec une moue de dédain, tire la chasse.

Ce film, conçu il y a quelques années, avait pour objectif de créer un mini scénario visant à divertir les consommateurs et montrer que la marque est en prise sur l'air du temps. La qualité de la réalisation aidait le film à atteindre cet objectif. Il n'a cependant pas été conçu au hasard. Si l'exécution était nouvelle pour la marque, et le produit totalement absent, les valeurs sont bien les valeurs historiques qui ont assuré le succès de KOOKAÏ. Elles dressent le profil de la « kookaïette », petite peste, irrésistible, et redoutable manipulatrice de garçons. C'est bien la même qui disait pour la marque dans les années quatre-vingt, avec une moue boudeuse : « Les grandes s'habillent en KOOKAÏ. Où est-ce que l'on trouve de l'engrais à faire pousser les filles ? » La marque renouvelle ses exécutions mais est remarquablement cohérente dans ses valeurs.

La campagne presse est du même registre. Après avoir vu des femmes s'amuser avec des mini hommes (l'une les tenait entre ses doigts de pieds. L'autre allait les croquer dans une boîte de chocolats…), la campagne a mis en scène des hommes sacrifiés : le cœur, probablement dérobé par les filles KOOKAÏ, présentait une large trace de cicatrice. Nulle trace des vêtements KOOKAÏ à l'horizon.

La campagne ORANGINA a été conçue dans le même esprit. L'annonceur et l'agence ont choisi un aspect historique de la marque, la pulpe. Ils ont ensuite construit de nombreuses petites histoires autour de cet aspect, illustrant la secousse et la peur de se faire secouer qu'éprouvent les bouteilles « humanisées ». Bien entendu, un aspect produit résiste, mais il sert de prétexte à la construction de courts scénarios désopilants. Il n'est pas mis en avant dans une perspective de bénéfice consommateur (rafraîchissement…) mais est utilisé comme « preuve » produit à la construction d'histoires de secousses. Nombreuses sont les marques privilégiant l'image plutôt que la réalité. On ne peut toutes les citer, la liste en serait trop longue. Quelques exemples empruntés à différents segments : l'habillement avec CATERPILLAR, les montres G SHOCK, les boissons VIRGIN COLA, MILLER LITE, PERRIER, les pépites de chocolat TOP CRUNCH, les nouilles SUPER NOODLES en Angleterre, qui jouent sur un humour délirant…

Quelle logique derrière ce type de film ?

Cette tendance reste majoritairement le fait de marques positionnées sur les jeunes consommateurs. Ces campagnes commencent à gagner d'autres secteurs, où traditionnellement le discours produit était une « figure obligatoire ». Mais la mécanique ne s'applique pas à tous les marchés. Certains d'entre eux ont trop d'ancrage produit pour pouvoir s'en affranchir aussi facilement. C'est le cas par exemple de l'automobile. Les différents modèles des constructeurs ne se ressemblent pas, présentent des équipements, des attributs différents. Les publicitaires continuent à ancrer leur discours dans les caractéristiques produit. Elle concerne surtout les marchés de croyance. Ceux dont les produits sont peu différenciés et où l'imaginaire que va développer le consommateur tient un rôle considérable dans la construction de la préférence. Quand tous les produits se ressemblent, quand la différence de performance est difficile à appréhender, intangible, comme sur le marché des eaux minérales, de la bière, du chewing-gum, du café… c'est l'imaginaire le premier facteur de différenciation entre les marques. Cette logique s'applique aussi aux marques déjà installées, qui ont peu de matière vraiment nouvelle à apporter (COCA-COLA, BUDWEISER, ORANGINA…).

L'hyperréel ne consiste pas forcément à s'éloigner de situations réalistes, proches du quotidien des consommateurs. Nombre de campagnes récompensées dans les festivals sont situées dans la vie des gens. Il s'agit plutôt de décaler le discours : ne pas se centrer sur le produit. Abandonner les vieilles mécaniques qui exigeaient que l'on mette en avant ses qualités ou les problèmes qu'on allait résoudre.

Et donc s'orienter vers une nouvelle dimension : celle du spectacle. Les exécutions diffèrent, mais la logique d'ensemble est bien la même : divertir par le spectacle.

Le consommateur a l'habitude de baigner dans l'univers des images. Sa culture publicitaire s'est développée avec le temps. Il connaît par cœur les vieilles mécaniques publicitaires.

Il n'accepte donc plus de se projeter dans des profils idéalisés. Il ne veut plus entendre parler de caractéristiques produit archiconnues. Cela fait des années que des dizaines de marques de bière lui disent que la bière désaltère. Il l'a bien compris et souhaite désormais passer à autre chose. À moins que les marques n'aient quelque chose de vraiment nouveau à lui proposer. Par exemple, en Angleterre, la boisson FIZE ICE, s'est lancée en se concentrant sur une idée de vente très produit : le premier *soft drink* qui reste frais, même à température ambiante. La nouveauté de cette caractéristique produit est telle que la campagne peut se concentrer dessus sans risque. Surpris, le consommateur fera l'effort d'y prêter attention.

L'encombrement publicitaire faisant son effet, les publicités qui ne renouvellent pas leurs discours ou ne présentent pas de nouveautés sont immédiatement effacées de la mémoire des consommateurs.

Les publicitaires se devaient donc de trouver de nouveaux moyens d'émerger, de créer de l'impact et de proposer des campagnes mémorisables à leurs clients.

Ils ont concentré leurs efforts sur le divertissement, la valeur de spectacle de leurs campagnes. Celle-ci passe forcément par une créativité accrue, qui permet de faire le trou et de capturer l'attention des consommateurs.

L'effet attendu par le publicitaire est double :

- *Construire la notoriété, la présence à l'esprit.* Les marchés se complexifient : il suffit de regarder le linéaire d'un hypermarché pour s'en convaincre. Le moindre rayon est surchargé de signes, de marques, de codes couleur. Les produits sont banalisés, faiblement différenciés. Jetez un coup d'œil au linéaire des chocolats ou des yaourts… On a l'impression d'être submergé par les produits.

- Pourtant, le consommateur ne s'attarde pas plus de quelques secondes devant le rayon. Face à cette avalanche de signes, il réduit son champ à son produit habituel ou au plus connu, à la référence, la valeur sûre.
- Le critère de choix déterminant dans ce contexte (en plus du prix) est donc de plus en plus lié à la notoriété *top of mind* (marque citée en premier dans sa catégorie par les consommateurs).
- Ce type de campagne construit justement ce *top of mind* dont chaque point vaut si cher. En étant originale et créative, elle concentre son message sur des sujets que le consommateur n'a pas encore entendus. Elle est donc « impactante », remarquée par les consommateurs. Une grosse partie du travail est déjà faite.
- *Créer un courant de sympathie envers sa marque.* Les linéaires sont encombrés, mais comme si cela ne suffisait pas, les produits se ressemblent de plus en plus. Les innovations technologiques ne durent pas. Les marques de distributeurs s'approprient rapidement la technologie et proposent des produits très proches de ceux des marques.
- Pour faire venir le consommateur à soi, on doit le séduire. Lui proposer des arguments produit ne le convaincrait en rien : il sait que les différences sont ténues.

Aussi la publicité s'oriente vers le spectacle. Elle met en scène le produit pour le faire redécouvrir sous un jour favorable. Elle cherche à travailler l'agrément, à s'inscrire dans l'air du temps, bref, à plaire. Ce n'est pas la relation avec le consommateur qui est travaillée ici, mais plutôt la séduction.

La nostalgie fait vendre : place au marketing du passé

*« On ne peut plus faire d'architecture sans avoir devant soi
l'idée de l'architecture, l'histoire de l'architecture. »*
Jean NOUVEL

De plus en plus nombreuses sont les campagnes qui multiplient les clins d'œil, les références au passé. Certaines construisent même toute leur direction artistique sur les codes visuels des décennies passées. Un mouvement qui peut sembler étrange, les thèmes abordés par ces campagnes étant, eux, bien contemporains.

Plus qu'une stratégie délibérée, il vaut mieux voir dans cette tendance un signe des temps. Le passé fait vendre. Quoi de plus naturel dans une société frileuse, qui préfère se tourner vers son passé plutôt que de se projeter dans son avenir ? Aussi les créatifs cherchent-ils l'inspiration dans les décennies passées. Ils s'efforcent de surprendre en mélangeant les époques et leurs styles respectifs. Le mélange des temps est plus un effet de style, de forme que de fond.

La société postmoderne regarde en arrière

La modernité n'est pas un état, c'est un projet en évolution. Son système de valeurs et sa morale fixent le cap. On croit dur comme fer que les sociétés progressent vers un état meilleur, plus tolérant et libre. Le développement des sciences et des techniques devient la véritable idéologie. La production industrielle augmente régulièrement. Les moyens de transports s'améliorent. Il fallait 22 heures pour relier Paris à New York en avion en 1946. Il n'en fallait plus que 12 en 1959. Après la conquête de l'air, c'est la conquête de l'espace qui devient la nouvelle mythologie des années soixante. Et le développement de la consommation participera à la perception d'un progrès général, libérant enfin la ménagère des tâches contraignantes. On avait l'assurance que les générations futures vivraient mieux que leurs aînées. Jusqu'à l'aube des années quatre-vingt et l'installation durable de la crise, les sociétés occidentales, confiantes, avaient les deux yeux fixés sur la ligne d'horizon de leur avenir.

La postmodernité sonne le glas du rêve moderniste.

Un constat s'impose : nous vivons les lendemains désenchantés des avenirs radieux promis par l'époque moderne.

Celle-ci nous a certes apporté un mieux-être généralisé, issu des progrès de la médecine et des transports, des avancées sociales. Mais elle s'est accompagnée de multiples déconvenues.

Le progrès serait-il assimilable à Hiroshima, Tchernobyl et au nazisme ? Les avancées industrielles finissent par abîmer notre planète. Rivières saccagées, couche d'ozone détériorée, villes polluées… nombreux sont les signaux d'alarme montrant les limites de l'expansion à tout crin.

La science n'est-elle pas en train d'effectuer de dangereuses manipulations, aux frontières de l'éthique (clonage…) ?

Le progrès, la confiance en l'avenir, l'amélioration permanente des conditions de vie promises par le modernisme s'essoufflent. Le système de valeurs moderne, garant de la cohésion sociale, se fissure. C'est le « terrain intellectuel » qui a permis au postmodernisme de se développer.

Aujourd'hui, l'avenir séduit moins. Parfois il effraie même un peu. Aussi l'on n'hésite plus à construire ses rêves le regard tourné vers le passé. Et à se laisser aller vers un penchant prononcé pour le mélange, afin de s'offrir un voyage à travers le temps en fusionnant les époques et les décennies. En faisant revivre les époques passées, leurs styles, leurs modes… bref, en éclatant toutes les références temporelles. On vit au présent, on flirte avec le futur, mais on adore s'habiller, se distraire au passé.

On ne va pas jusqu'à faire revivre les époques trop lointaines, trop en rupture avec nos styles. On a ainsi peu de chances de voir réapparaître le style Belle Époque ou les modes du XIXe siècle. Mais on se lasse des inventions miraculeuses et on puise volontiers dans le merveilleux réservoir des décennies passées. Aujourd'hui, être branché n'est pas systématiquement être à l'avant-garde, mais se créer une image spécifique, en phase avec sa personnalité.

Signe des temps, le mélange des périodes passées devient un style à part entière et s'immisce progressivement dans notre culture. Il en devient même omniprésent. Et on peut l'observer dans des domaines aussi variés que l'architecture, la mode, la création cinématographique, la musique… soit dans la plupart des domaines où il y a création. Inventer demain se fait désormais en regardant derrière soi !

L'architecture postmoderne se caractérise par le mélange des styles. Elle fait suite au fonctionnalisme moderniste incarné par Mies van der Rohe, dont la célèbre phrase « less is more » a fait date. Développant les préceptes du Bauhaus de Walter Gropius, l'architecture moderniste (ou style international) privilégiait les volumes et voyait une architecture dénuée de tout ornement, simplement réduite à sa dimension fonctionnelle. En résultaient des lignes pures, des immeubles uniformes, sans décoration, à large dominante de verre et de fer, où la lumière venait contraster avec les matières brutes.

Les principes du postmodernisme sont tout autres. À New York, on peut comparer l'ATT Building de Philip Johnson, un des chefs de file du mouvement postmoderniste, avec le Seagram Building, immeuble emblématique du modernisme, construit dans les années cinquante par Mies van der Rohe. Dédié tout entier au principe du fonctionnalisme, l'immeuble moderniste est homogène. Sa construction repose principalement sur deux matériaux, le verre et le métal.

L'ATT Building est devenu le symbole de l'architecture postmoderne. Johnson a rejeté tous les canons architecturaux de l'époque pour proposer un style nouveau. Le principe de l'immeuble est de mélanger les styles et les genres. La partie supérieure du bâtiment rappelle ainsi le style Chippendale anglais très à la mode au XVIIIe siècle, alors que le socle est plutôt d'influence moderniste. Les matériaux utilisés sont haut de gamme et disparates. La structure est en granit, habilement associé avec des parties en bronze et en marbre.

Un autre immeuble de Philip Johnson, l'immeuble PPG à Pittsburgh, illustre la rupture postmoderniste. D'un style très différent des autres travaux de l'architecte, l'immeuble privilégie le verre. Il associe des formes contemporaines à plusieurs petites tours d'inspiration gothique qui ornent son sommet. Dans la cour intérieure, l'architecte a décidé d'ériger un obélisque napoléonien, typique du début du XIXe siècle.

Le principal apport architectural du postmodernisme est d'avoir su innover en combinant des styles et des périodes différents. Après le modernisme, tout entier tourné vers le fonctionnalisme et l'usage de matériaux d'avenir, le postmodernisme se positionne en ambassadeur du pluralisme. Il n'hésite pas à ressusciter des genres que l'on avait crus oubliés, et à les allier de façon surprenante à d'autres styles, sans rapport apparent.

La mode, de même, se complaît à mélanger les époques, à combiner le classicisme et le contemporain. Ainsi, les traditionnelles maisons de haute couture française tentent de résister à la concurrence des stylistes anglo-saxons (PAUL SMITH, CALVIN KLEIN…) et italiens (PRADA, ARMANI, VERSACE…). Elles font donc appel à de jeunes stylistes très avant-gardistes pour se redonner un côté glamour. Cela sans perdre pour autant les principes qui ont fait leur succès dans les années cinquante et qui les érigent en grands classiques de la mode. Ainsi, Lagarfeld innove sans s'éloigner du classicisme de CHANEL. Galliano relooke le style DIOR, et le turbulent Alexander Mc Queen cherche à donner un coup de jeune à GIVENCHY. Le pari de ces très honorables maisons est de s'imposer dans un univers toujours changeant en restant fidèles aux racines, mais en les fusionnant avec une patte très contemporaine.

La nostalgie fait vendre : place au marketing du passé

La mode de la rue n'est pas en reste : elle récupère volontiers les apparences des décennies passées. Et à force d'annoncer le retour des années soixante-dix ou celui des années quatre-vingt, on se demande si les deux décennies, chacune à leur façon, ne sont pas très tendance aujourd'hui. On a vu Lenny Kravitz remettre au goût du jour les pattes d'éph' des années soixante-dix. Les couleurs psychédéliques, orange, jaune, vert pomme, rouge... restent dans la course.

Cette évolution influence la politique de nombreuses grandes marques. Celles qui ont un passé sont propulsées à la tête d'un capital marketing qu'elles se doivent d'exploiter. PUMA s'est relancée sur ses classiques. ADIDAS est allée plus loin. Elle a créé une nouvelle division, appelée ADIDAS ORIGINALS. La division Technologie est ancrée dans l'univers du sport. Elle fait la promotion de produits à haute valeur ajoutée technologique, qui confèrent à ADIDAS l'indispensable légitimité sportive qu'une grande marque de ce secteur se doit d'avoir. Cette crédibilité est accentuée par le sponsoring d'athlètes qui différencient la marque de concurrents légitimes cherchant à prendre leur part du gâteau sur un marché très disputé. Malgré le lancement de nouvelles lignes très sport, les noms de CÉLIO SPORT ou FAÇONNABLE SPORT ne résonnent pas tout à fait pareil que celui D'ADIDAS par manque de crédibilité terrain, d'assise et de visibilité dans les stades.

En parallèle, ADIDAS a lancé sa division *Originals*, destinée à profiter de l'engouement pour le passé de la marque vis à vis des jeunes urbains branchés. Avec cette nouvelle division, ADIDAS entend s'éloigner de son positionnement sportif pour conquérir le secteur de la mode. Et n'hésite pas à ressortir un logo spécifique, qui n'est autre que le logo « trèfle » des années soixante-dix (*vs* celui aux trois bandes pour la division Technologie). Les produits sont *vintage seventies*, délibérément orientés mode, distribués dans les magasins les plus tendance comme COLETTE ou LE SHOP. Signe des temps, pour ne pas passer à côté du phénomène *street wear/sportswear*, ADIDAS n'a pas hésité à ressusciter ses produits phares... des années soixante-dix.

La consommation rend effectivement hommage au passé. Il suffit de regarder d'un peu près l'évolution du marché automobile pour s'en convaincre. Ainsi VOLKSWAGEN a connu un grand succès aux États-Unis avec la NEW BEETLE, résurrection de la COCCINELLE créée en

1938. Pourtant, même la GOLF n'était pas parvenue à s'imposer sur ce marché. De nombreuses nouveautés automobiles témoignent d'une volonté de privilégier les véhicules d'expression individuelle. Ainsi, la berline traditionnelle perd du terrain, au profit de véhicules plus segmentants, différenciant leur possesseur du commun des mortels conducteur de berline. FORD relance aux États-Unis une version réactualisée de son célèbre cabriolet de 1954, la THUNDERBIRD. CHRYSLER n'a pas hésité à lancer son PT CRUISER aux formes empruntées aux berlines des années trente. BMW joue avec le design des années cinquante pour sa Z3. Il semble que les industriels automobile ont pour le passé, les yeux de Chimène.

La musique, elle aussi, fait dans le mélange. Les grands succès planétaires n'hésitent pas à multiplier les clins d'œil aux décennies passées. La très *seventies* chanteuse Sheryl Crow rêve de racheter à Michael Jackson les droits des chansons des Beatles. Le titre qui ouvre son dernier album… n'est autre que *Steve Mc Queen*, sorte d'hommage nostalgique à l'un des derniers héros de la mythologie américaine.

De même certaines modes sont ouvertement *revival*, le renouveau de *l'easy listening* en témoigne. C'est la consécration des Burt Bacharach et autres Enio Morricone, remixés au goût du jour. Ou la résurrection des groupes *soul* des années soixante-dix et de leurs principaux succès comme le fameux *Street Life*.

Le groupe français Air, révélation pop de 1998, s'est imposé dans les clubs de Londres avant d'obtenir la consécration du grand public en surfant sur le mélange des styles et des décennies. Son album *Moon Safari* est une subtile combinaison de techno, de musique électronique des années soixante-dix (référence à Kraftwek), avec du *easy listening* et de la pop. Sans oublier la multiplication des références à Gainsbourg, Françoise Hardy et Michel Polnareff.

Le cinéma, de son côté, n'hésite pas à multiplier les références aux décennies passées et à mélanger passé, présent et futur. Le succès d'*Amélie Poulain* l'a bien montré, la nostalgie a de beaux jours devant elle. Des jouets découverts 30 ans plus tard dans les recoins d'un appartement aux lettres d'amour qui arrivent 40 ans après, sans parler du Montmartre des petits bistrots et commerces, encore baigné dans l'atmosphère des années cinquante, le film respire la nostalgie. Les choses simples et souvent perdues de vue dans la tourmente du quotidien. Ici l'atmosphère un rien désuète devient un des facteurs clés de succès ! Et le style n'a pas fini de faire des émules, la publicité n'hésitant pas à le récupérer (*Eurostar*…).

De même, au cours des dernières années Hollywood a construit quelques-uns de ses plus gros succès sur l'alchimie du mélange des temps.

Terminator avait ouvert la voie avec un scénario intégrant le futur à notre présent. Un robot était envoyé par les victimes d'une guerre située dans le futur pour sauver leur chef alors qu'il était encore enfant, dans notre monde d'aujourd'hui. En parallèle, une autre créature avait été envoyée par la puissance dominante pour éliminer l'enfant dont on savait qu'il allait devenir chef, et modifier ainsi le cours du temps. Le principe même du film reposait sur la fusion d'époques lointaines. Le futur était-il le présent, ou notre présent le passé du futur du Terminator ?

Tim Burton a fait de *Mars Attacks* le mélange des films futuristes d'aujourd'hui (type *Independance Day*) et de ceux des années cinquante (type *Ed Wood*). Le résultat est étonnant, les clins d'œil aux *fifties* sont nombreux et font la personnalité et le relief du film.

Dans le registre de la comédie, *Austin Powers* a construit son succès sur un scénario fusionnant les époques. Un espion est congelé dans les années soixante. Il se réveille à notre époque et constate les changements survenus. Tout nous rappelle le style des *sixties* : la musique, les looks, les couleurs *flashy*…

Tarantino se porte plutôt sur les années soixante-dix de son enfance. Après leur avoir déjà rendu hommage avec *Pulp Fiction*, il a ensuite récidivé avec *Jackie Brown*. La couleur du film était très *seventies*. Sa musique, comme ses stars. Tarantino n'a pas hésité à prendre le risque de sortir des oubliettes des stars *has been* des années soixante-dix comme Pam Grier, l'héroïne du film.

153

.Dans un autre style, le retour des séries cultes des années soixante-dix, diffusées sur la chaîne Série Club, est remarqué. Les hommages aux séries du type *Les Envahisseurs* s'accumulent. *Les Mystères de l'Ouest*, *Zorro* ou *Chapeau melon et bottes de cuir* sont adaptés au cinéma. Trois des séries clé des années soixante-dix réadaptées au cinéma dans la même période !

L'ère est au *remake*. Les films des années cinquante n'ont jamais connu autant de succès, de *La Planète des singes* au Japonais *Godzilla* remis au goût du jour à la sauce hollywoodienne.

Même *Star Wars*, rediffusé avec de nouveaux effets spéciaux, mélange allégrement futur et passé. Le film de science-fiction, rappelons-le, commence par « dans une galaxie très lointaine, il y a très longtemps... ». Il invente la mode du film futuriste ayant lieu dans un passé lointain.

Hollywood a compris que l'air du temps est au mélange des temps et met sa puissance au service de la diffusion de ce nouveau style, qui rejaillit sur l'ensemble de la production audiovisuelle des pays occidentaux (publicité, clips musicaux, jeux vidéo...). Quand tout a été dit ou presque, le passé devient une source d'inspiration majeure.

Le monde des parcs d'attraction même se met au diapason et, alors que le compte à rebours du nouveau millénaire a commencé, regarde en arrière. Ainsi la nouvelle attraction de DISNEY WORLD aux États-Unis s'appelle Tomorrowland.

Walt Disney, considéré comme un visionnaire, a subi fortement l'attraction du futur. Il a conçu EPCOT CENTER, sorte de cité futuriste. Après plusieurs années de succès, EPCOT CENTER s'est progressivement démodé. Le futur tel qu'on l'y décrit date de la construction du parc. Les dirigeants de DISNEY se sont rendu compte qu'il était fort coûteux d'entretenir un parc sur le futur car la façon dont celui-ci est perçu évolue sans cesse. Et quand on construit en pierre et en ciment, il est difficile de s'adapter régulièrement pour faire évoluer le parc. D'autre part, on s'est rendu compte chez DISNEY que le futur était beaucoup moins attirant aujourd'hui qu'il ne l'avait été dans les années soixante ou soixante-dix. Il n'y a plus de grand projet spatial comme la conquête de la Lune qui avait nourri les rêves d'une génération d'Américains. Les histoires « de puces et de *bits* », la circulation améliorée de l'information grâce aux progrès des ordinateurs ne font plus autant rêver. Certains développements (transgénisme, clonage…) inquiètent même sérieusement. Notre futur n'est plus perçu comme une aventure, l'époque ira chercher ses mythologies ailleurs.

Aussi DISNEY a-t-il décidé de cultiver la nostalgie en montrant comment on voyait le futur dans les décennies passées. Chaque décennie est traitée. Et l'on peut évoluer dans les allées du parc, depuis une attraction consacrée à la vision du futur de Jules Verne, jusqu'à Buck Rogers. Le slogan publicitaire résume le thème de l'attraction : « Le futur qui n'a jamais été. »

Tomorrowland est un signe qui ne trompe pas. Après s'être offertes sans réserve au futur, à l'avenir, nos sociétés ne sont plus aussi confiantes en leur destinée. Elles trouvent plus sécurisant de créer du nouveau en mélangeant de l'ancien que de se projeter tout de go dans un monde à inventer.

La nouvelle créativité publicitaire mélange les décennies

La publicité s'adapte à ce nouvel air du temps comme elle le véhicule, et découvre de nouvelles voies créatives. Les expressions graphiques évoluent, les typos s'arrondissent et, dans certaines campagnes, les codes visuels semblent directement issus d'une autre décennie. Être branché, c'est savoir voyager dans le temps, et s'approprier les styles d'autres époques. Ce nouveau mode d'expression touche tous les marchés, qu'ils soient technologiques, orientés services ou grande consommation, et s'adresse à toutes les cibles.

Ainsi, quand NOMAD de BOUYGUES TÉLÉCOM veut vanter sa formule de facturation sans abonnement, il met naturellement en avant un bénéfice de liberté, toujours séduisant pour les consommateurs. Pas de fil à la patte, il n'y a ni abonnement ni facture mensuelle. Et quoi de plus naturel que d'associer la période des années soixante-dix au bénéfice de liberté ?

SFR l'avait déjà fait en montrant sur ses affiches un couple de hippies photographié en noir et blanc pour illustrer une formule d'abonnement sans contrainte. BOUYGUES reprend l'idée à sa façon avec un traité en illustrations sur fond vert pomme. Le stylisme des personnages illustrés est totalement années soixante-dix. Pantalons pattes d'éph' à fleurs, coupe de cheveux *ad hoc* (petites nattes). Un traité qui cherche à séduire le cœur de cible, les jeunes, par sa spontanéité et sa fraîcheur.

Apparemment, la mode du mélange des époques a séduit les opérateurs téléphoniques : CEGETEL s'y est mis à son tour ! Dans ses films télévisés, le 7 de CEGETEL fait appel à des codes couleurs et un stylisme directement envoyés des années soixante-dix : rouge carmin, fond vert-jaune…

La mode n'est pas en reste, avec WONDERBRA. Après plusieurs années passées en utilisant le célèbre mannequin Éva Herzigova pour un bénéfice de séduction (souvenez-vous des fameuses affiches où le top model au décolleté avantageux vous interpellait : « Regardez-moi dans les yeux, dans les yeux, j'ai dit… »), la célèbre marque de « maousse » soutiens-gorge s'est relancée en présentant dans ses annonces presse de magnifiques mannequins, stylés années cinquante. La parfaite femme des années cinquante ! Le tout sur un traité très mode et actuel, le photographe n'étant autre que Les Guzman, une des stars du moment, aussi à l'origine de la campagne KOOKAÏ. Un tel parti pris n'est-il pas paradoxal pour faire vendre un produit encore relativement nouveau, à l'aube de l'an 2000 ? Il répond simplement à une logique de différenciation, à la volonté de ne pas faire comme tout le monde, d'émerger d'une manière ou d'une autre. Le message et les situations mises en avant n'ont pas de rapport avec les *fifties*, qui ne représentent qu'un décor pour la marque.

On y voit des femmes surprises par le regard des autres alors qu'elles sont en soutien-gorge dans les situations les plus inattendues (au milieu de la rue, à la laverie...). WON-DERBRA les rassure : « Le nouveau WONDERBRA est si confortable qu'on peut être sublime toute la journée. »

© Éditions d'Organisation

La nostalgie fait vendre : place au marketing du passé

Pour délivrer ce message, les situations auraient aussi bien pu être contemporaines. Mais les ancrer dans les années cinquante leur donne un ton, un relief, un petit côté *in* qui n'est pas négligeable.

De nombreuses marques ont adopté ce nouveau style. Ainsi, ARISTON avec *Tu m'étonnes* a construit un scénario sans paroles, extrêmement visuel, fondé sur les codes couleurs (femmes habillées en orange, en vert…) et les *looks* des *seventies*. La façon de filmer traduit l'univers psychédélique cher à l'époque.

Ou encore AFFLELOU, qui s'amuse à pasticher la réclame des années cinquante dans ses affiches, stylisant ses modèles à la façon de l'époque, pour un message qui, lui, reste bien actuel (« 2AI d'AFFLELOU, le vrai verre incassable »).

Ou PERRIER qui reprend dans son film une chanson d'Édith Piaf et un stylisme années trente pour mettre en scène l'effet en bouche que peut générer la célèbre eau pétillante.

Un autre exemple intéressant est celui de la BNP qui a d'abord utilisé dans sa campagne les personnages clés du film noir des années cinquante, multipliant les références et notamment celle aux *Tontons flingueurs*. Et l'on voyait Gabin, Jean-Claude Brialy ou Lino Ventura vanter les mérites d'un nouveau taux ou d'un prêt avantageux. Une fois la campagne usée, la marque s'est orientée vers l'avenir. Le nouveau film réalisé par Jean-Pierre Jeunet, le réalisateur français d'*Alien IV*, refait le trajet de l'avenir au présent.

On y voit plusieurs scènes se déroulant visiblement dans un futur lointain, qui aboutissent au présent d'un jeune homme un peu rêveur, installé dans le bureau de son banquier et envisageant tous les projets qu'il pourrait réaliser grâce à la BNP.

Les plus jeunes sont aussi sensibles au retour vers le passé. Connaisseurs, ils sont souvent capables d'identifier les styles visuels et les codes écrits des décennies passées. Ainsi le déodorant AXE, ciblant les jeunes adolescents, a lancé sa variante INCA début 1998 en faisant une référence ouverte aux années cinquante. Les messages se sophistiquent : pour dire « séduction » on utilise désormais les chemins les plus détournés. Le positionnement installé par la marque depuis quelques années n'est pas compliqué et pourrait se résumer à la formule suivante : avec AXE, les jeunes filles tombent comme des mouches.

AXE INCA s'est lancé en affichage. Le principe était de pasticher les affiches des films d'aventure des années cinquante, leur graphisme étant facilement identifiable. AXE a ainsi développé plusieurs affiches sur le même registre, sans craindre que les adolescents, désormais experts en campagnes clins d'œil, puissent croire qu'il s'agisse d'une simple affiche de film. Au contraire, la campagne suppose que l'œil soit attiré par ce graphisme démodé et cette accroche quasiment extra-terrestre (« L'homme qui sentait l'amour »), et qu'il décode ensuite qu'il s'agit d'une pub AXE. Tout dans l'affiche est typé *fifties* (on voit sur le visuel un homme poursuivi par des centaines de femmes), si bien qu'on pourrait s'y méprendre.

Une nouvelle mode, pour le moins étonnante, s'empare de la création publicitaire : la résurrection de stars d'Hollywood décédées. La pub n'hésite plus, grâce à la magie des nouveaux effets spéciaux, à demander à Steve Mac Queen, John Wayne, Rita Hayworth ou Humphrey Bogart de faire l'apologie *post mortem* de nouveaux produits.

C'est le style un peu paradoxal (lancer du nouveau avec de l'ancien…) qu'a choisi FORD pour lancer son nouveau coupé, la FORD PUMA. Pour faire passer des valeurs de maîtrise et de plaisir de conduire, l'agence Young et Rubicam a décidé d'utiliser l'image de Steve Mac Queen.

> **D**ans un parfait remake du film de Peter Yates, *Bullit* (1968), l'acteur est au volant de la PUMA dans les rues de San Francisco. Pour plus de ressemblance, l'agence n'a pas hésité à utiliser le cameraman et le chef opérateur qui avaient filmé le *Bullit* original. Le traité de l'image, les couleurs sont donc parfaitement ressemblants. On a simplement récupéré des éléments du film original, qu'on a mélangés avec des plans tournés dans le San Francisco

actuel. On a ensuite isolé Steve Mac Queen du vrai film en gommant tous les éléments de décor qui entouraient le personnage. Il suffisait alors de réincruster la tête de Steve Mac Queen sur le corps de son double. Le tour est joué ! Le spectateur aura l'impression surprenante que l'original a déjà été tourné avec une FORD PUMA actuelle.

Avant que cette technique soit usée et banalisée, elle crée de l'impact, étonne, bref permet aux marques de faire le trou, de sortir du lot. La seule limite : on ne saura jamais ce qu'en pensent les intéressés, qui n'auraient peut-être pas été ravis de faire l'apologie d'un savon ou d'une crème à raser.

Même NIKE, qu'on ne peut pourtant pas taxer de passéisme, cède à cette nouvelle mode. La campagne NIKEPARK, développée pendant la période du Mondial 98, avait simplement pour objectif de proposer aux jeunes de se rendre à l'espace publicitaire installé par la marque sur le parvis de La Défense. Pour se consoler d'avoir laissé ADIDAS être sponsor officiel de la Coupe du monde, la marque a conçu et marketé un village original qui présentait ses produits. Elle en a fait un concept, celui de « République populaire du football », dont Cantona (qui d'autre que lui aurait si bien rempli cette fonction ?) était président. Les adolescents se rendant sur le village recevaient ainsi un passeport. Dès lors qu'on se frotte aux républiques populaires, quoi de plus naturel que de vouloir détourner leur imagerie ?

NIKE a donc conçu ses affiches sur un style totalement emprunté à celles de la propagande communiste, citant explicitement le constructivisme soviétique, courant artistique en vogue dans les années trente.

La marque est allée chercher les meilleurs illustrateurs dans le monde entier, afin de reproduire au mieux le style des artistes originaux (Malevitch, El Lissitzky...) et le résultat est là : la ressemblance est à s'y méprendre. Les typos sont percutantes et s'articulent autour de formes géométriques. Les accroches imitent le ton directif de l'époque « Jeunes du Monde, le football vous appelle ! Rejoignez-nous. » ou encore « Augmentez votre production de buts, remplissez votre devoir. »

Dans le passé inégal de notre XXe siècle, il faut se méfier de ses fréquentations. En l'occurrence, la référence aux républiques populaires a souvent été interprétée comme une référence aux autres totalitarismes, et notamment au fascisme (les imageries se ressemblent étrangement, le ton des messages aussi). À toujours vouloir multiplier les clins d'œil, on finit par se heurter à des sujets tabous. Les allusions à la république populaire n'ont pas plu à tous les journalistes, qui y ont vu une erreur de discernement de la marque, « faisant joujou avec des symbolismes explosifs » (*Libération*, 10 juin 1998). Le journal *Le Monde* a aussi traité la polémique suscitée par la campagne (*Le Monde* dimanche 14/lundi 15 juin 1998), montrant deux visuels. L'un emprunté à la campagne fait figurer la tête de Cantona. L'autre provient de l'Italie des années trente et présente le visage de Mussolini entouré des mots : « Duce, Duce, Duce… » La ressemblance est frappante.

Les invectives de différents mouvements (notamment du MRAP, Mouvement contre le racisme et pour l'amitié entre les peuples, ayant appelé au boycottage) ont dissuadé NIKE de diffuser la seconde vague prévue sur cette campagne. Même s'il semble qu'elle ait produit de bons résultats sur la cible des jeunes (excellente fréquentation du Nikepark, pourtant situé à La Défense, alors qu'ADIDAS avait établi le Parc Adidas sous la Tour Eiffel), les échos qu'elle a suscités risquent de porter atteinte à l'image de la marque.

Publicitaires de tous les pays ne l'oubliez pas : même le passé doit être politiquement correct !

Difficile d'identifier une stratégie de la part des publicitaires qui viserait à multiplier les références au passé. Il s'agit plus d'une tendance visuelle et créative que stratégique.

La forme prend le pas sur le fond, le signifiant sur le signifié. La référence au passé est une manière d'aborder le triomphe de la forme. On copie les styles d'hier, les anciens registres, pour se différencier des autres, trouver un style qui soit dans l'air du temps et que la marque puisse chercher à s'approprier. On n'hésite pas à mélanger passé et présent. On va puiser dans les réservoirs de créativité des temps passés, pour y chercher des modes d'expression un peu surprenants, inattendus.

© Éditions d'Organisation

Qu'y voir d'autre que le reflet d'une époque incertaine face à son avenir ? Une fois encore, la publicité s'érige en miroir de son temps. Elle traduit à sa manière les doutes de son époque. La rupture définitive avec le modernisme qui érigeait l'avenir en religion. Toujours en quête de créativité, elle se situe dans le courant des principaux modes d'expression artistique (art, cinéma, littérature, musique...) qui convergent chacun à sa façon vers une approche bien timorée de notre avenir. Celle d'une société qui cherche dans son passé la confiance nécessaire pour regarder l'avenir droit dans les yeux.

Conclusion

Les campagnes présentées ici ne représentent pas la totalité de la production publicitaire. Loin s'en faut ! De nombreux marchés comme la lessive, la banque ou la distribution restent ancrés dans les registres publicitaires traditionnels. Probablement à raison : ces techniques ne s'adaptent pas à tous les cas de figure. La nature du message délivré, l'implication du consommateur, les différences de comportements des cibles, les positions concurrentielles, l'identité de la marque... autant de facteurs qui justifient des stratégies diversifiées. Et puis, il y a le poids des habitudes, la nature des enjeux économiques : on ne fait pas brutalement table rase du passé. On n'accepte de prendre des risques que s'ils sont mesurés, pesés, évalués... n'oublions pas que sur de nombreux marchés, un point de part de marché représente des centaines de millions d'euros.

Ainsi, comme le cinéma, la publicité est devenue plurielle. Le style hollywoodien n'est pas la seule expression cinématographique possible, Dieu merci ! Il ne fait qu'exister comme un registre parmi d'autres. La publicité fonctionne sur la même mécanique. De nombreux registres cohabitent les uns avec les autres. Hier homogène autour des grands schémas de persuasion et de projection dans des mondes idéalisés, elle a adopté le pluralisme.

En marquant la rupture avec les anciens modèles, les nouvelles formes de communication publicitaire décrites ici se sont fortement développées. Elles sont aujourd'hui devenues le registre de prédilection des grandes marques, piliers de la culture jeune. Il faut savoir les utiliser à bon escient, les manier avec précaution. La prudence doit rester de mise.

Il ne faut sous aucun prétexte se mettre à faire n'importe quoi, du moment qu'on est divertissant, qu'on fait rire le consommateur. Il est indispensable· de savoir respecter certains éléments stratégiques, créer un imaginaire qui entre en résonance avec les attentes des publics ciblés. Pour avoir négligé ces principes de base, certaines marques ont vécu des situations difficiles.

Comme Outpost.com qui proposait de faire tatouer des bébés pour accélérer la mémorisation de leur nom. Ou bien qui s'amusait dans un autre film à mettre des souris dans un canon et à les bombarder sur leur logo. Un trou en forme de cible avait été aménagé dans le premier O d'Outpost, pour « accueillir » les souris. Résultat des courses : après un vrai succès auprès des milieux créatifs qui ont salué le décalage de la campagne, et des chasseurs de tendances qui ont vu l'émergence d'un nouveau type d'humour, « l'humour méchant », la marque a été contrainte de retirer sa campagne des écrans. Critiquée de toutes parts, submergée par un courrier de consommateurs indignés, elle a même dû faire amende honorable et s'excuser lors d'un message télévisé conçu sur mesure.

Aux États-Unis, la bière MILLER LITE a connu des mésaventures similaires. La marque voyait ses parts de marché s'effriter du fait d'une campagne *lifestyle* qui commençait à s'user. Elle a donc décidé de revoir complètement sa plate-forme publicitaire. Après avoir choisi une nouvelle agence, Fallon Mc Elligot, réputée pour sa créativité, elle s'est relancée en variant à l'extrême les exécutions. Elle est allée jusqu'à lancer sur cette période un nouveau film tous les trois jours, afin de susciter la curiosité des consommateurs et de faciliter l'installation du nouveau concept.

En variant les styles, superposant kitsch, humour distancié, et second degré, MILLER LITE a installé son nouveau concept *Miller Time*, le

Conclusion

« Moment Miller ». C'est facile : « Vous donnez à Dick, le créatif, quelques dollars, une caisse de MILLER, et vous le laissez faire ce qu'il veut », annonce la voix off. Ce qu'il propose devra simplement être « amusant et distrayant » (*fun and entertaining*), continue-t-elle, mais attention « tout peut arriver ! »... et effectivement, Dick s'en est donné à cœur joie ! On ne voyait jamais le produit dans sa finalité, la désaltération, mais toujours dans des situations bizarres et amusantes.

Privilégiant créativité et décalage, la marque en a tout simplement oublié la stratégie. Qu'était-ce que ce fameux moment MILLER LITE pour un consommateur « lambda » ? Qu'allait-il lui apporter comme bénéfice ? Quelle était la vision de la marque derrière l'idée de ce moment ? Sur quel imaginaire la marque allait-elle s'ancrer ?

En négligeant certaines questions stratégiques de base, MILLER LITE est allée dans le mur. Pour s'en remettre, la méthode choc : changement d'agence et nouveau départ sur une plate-forme stratégique et créative entièrement différente. En cédant aux sirènes du divertissement gratuit, MILLER LITE s'était éloignée de l'essentiel ; et a dû payer le prix fort. N'oublions jamais que la publicité est de la création sous contraintes. Se faire plaisir n'est que rarement la voie du succès.

Néanmoins, pour de nombreux marchés on ne peut plus faire l'impasse sur ces mécaniques. Il faut apprendre à les dompter, à les maîtriser, à les mettre au service d'une stratégie de communication, de valeurs de marques, qui évitent la dispersion.

Rester bloqué à l'étape précédente n'est plus une option. Elle conduirait inévitablement à l'échec. À la rupture d'une relation minutieusement établie entre la marque et ses consommateurs au fil des ans. On ne peut plus imaginer COCA-COLA mettant en valeur un groupe de jeunes gens frais, toniques, beaux, dans un contexte d'action comme le dernier sport à la mode. Il faut bien comprendre que ces leviers étaient devenus des autoroutes de la créativité. Nul n'était besoin de les remettre en cause, ils fonctionnaient tous seuls. Les choses ont changé. Il n'y a plus de méthode garantie. Il faut non seulement évoluer mais aussi apprendre à se remettre en question en permanence. Gros challenge pour les marques qui ne peuvent s'endormir sur leurs lauriers. LEVI'S ne s'est pas reposé sur le succès de sa marionnette Flat

Éric. Plutôt que de la voir s'user, se démoder, la marque a fait le choix courageux de l'abandonner. Il faut sans cesse se remettre en question pour rester dans l'air du temps. Parce que les signes, les valeurs immatérielles revendiquées par les marques deviennent plus importants que les produits. Parce que la créativité est devenue le message. Il s'agit de coller à l'instant, de surfer sur les tendances de la culture médiatique, que ce soit pour les récupérer ou les caricaturer. Bref de participer au spectacle offert par la culture médiatique.

En guise de postface...
Entretien avec
Gilles Lipovetsky

Gilles Lipovetsky est philosophe et sociologue. Il a notamment publié *L'Ère du vide*, où il analyse la montée de l'individualisme dans les sociétés postmodernes, et *Le Crépuscule du devoir*, où il étudie la fin de l'éthique du renoncement et l'apparition d'un nouveau système de valeurs. Dans *L'Empire de l'éphémère*, il propose une théorisation historique et sociale inédite de la mode. Son dernier ouvrage, *La Troisième Femme*, traite des bouleversements et des continuités du féminin dans nos sociétés.

Le dialogue qui va suivre a pour objet d'approfondir et d'apporter un regard complémentaire sur certains points clés abordés dans cet ouvrage. N'hésitant pas à bousculer les idées reçues, Gilles Lipovetsky aborde particulièrement les points ci-dessous :

La culture postmoderne, désinvestie des grands débats idéologiques, est-elle faible et superficielle ? Où en est l'individualisme alors que de nombreux analystes parlent d'une montée des réseaux, d'une nouvelle recherche de lien ? Peut-on parler de la fin des valeurs ou assiste-t-on à la recomposition d'un nouveau système de valeurs ? Y a-t-il une logique derrière le mélange des contraires, le brouillage des hiérarchies culturelles ? La culture médiatique est-elle en train de tuer la culture classique ? Le marketing éthique a-t-il un avenir ?

Nicolas Riou : *Pour commencer, pouvez-vous me préciser quelle est votre définition du postmodernisme ?*

Gilles Lipovetsky : C'est d'abord avec la notion d'individualisme que j'ai abordé cette question. J'ai parlé d'un individu postmoderne avant de conceptualiser l'idée de société postmoderne.

Nous vivons depuis les années cinquante et soixante une seconde révolution individualiste, qui nous sort du modèle autoritaire, disciplinaire, révolutionnaire, ayant marqué le moment héroïque de la modernité. L'idée sous-jacente est que dans nos démocraties, la valeur cardinale de l'hédonisme a été promue bien avant l'effondrement du mur de Berlin. Cette culture hédoniste conduit à la légitimation de l'expression de soi, au droit de l'individu à se gouverner lui-même, à vivre pour lui-même. Et donc l'individualisme qui jusqu'alors était limité par la famille, par le poids des traditions, et par les grandes idéologies, est devenu en quelque sorte « total ». Postmodernisme signifie ici l'avènement d'une société tendanciellement narcissique, centrée sur les référentiels du plaisir, de l'autonomie subjective, de l'épanouissement de soi, du corps, et donc de la temporalité du présent. À l'échelle de l'histoire, l'âge postmoderne coïncide avec l'avènement d'un individualisme *achevé*.

N.R. : *Comment vous situez-vous par rapport à Jean-François Lyotard qui définit la postmodernité comme l'incrédulité vis-à-vis des grandes valeurs qui ont structuré la modernité ?*

G.L. : Cette idée me paraît juste, mais en partie seulement, et qui plus est insuffisante pour définir un moment comme la postmodernité. Si on veut dire par là que la postmodernité va de pair avec l'effondrement des grandes idées nationalistes et révolutionnaires, que l'idée du progrès ou de la raison n'a plus le caractère dogmatique d'autrefois, cela me paraît juste.

168

Cela étant, j'émets des réserves sur l'idée que l'âge postmoderne se traduirait par un processus d'incrédulité généralisée. De fait, il y a une limite à ce processus de décomposition du Sens. S'il y a crise des systèmes de sens, il y a également recomposition de nouvelles légitimités.

Un exemple simple : le rapport aux valeurs. Il n'est pas vrai de dire que nos sociétés soient dans un état de scepticisme généralisé. Sur de nombreuses valeurs comme la tolérance, le refus de la violence, le respect des enfants, le refus de l'esclavage, le pluralisme démocratique, il y a un très fort consensus. Cela veut dire que le processus de délégitimation ne va pas jusqu'au bout de lui-même.

Je préfère définir la société postmoderne par la généralisation de ce que j'appelle la forme « mode ». La postmodernité est l'état social démocratique recyclé par la logique de la mode. Pas la logique du vêtement, mais un processus se déployant autour de trois pôles : la logique de l'éphémère et du renouvellement constant, la logique de la séduction, enfin la logique des différenciations marginales.

Les sociétés pré-modernes étaient commandées par le respect du passé. C'étaient des sociétés de tradition. La modernité s'arc-boutait sur le futur, sur la construction de l'homme nouveau, du progrès et des grands programmes politiques. Au niveau structurel, on pourrait dire que la postmodernité c'est l'avènement de la logique « mode » dans nos sociétés, avec pour conséquence la suprématie de la temporalité du présent, l'accélération des cycles courts, la crise des représentations de l'avenir. Mais qu'on ne s'y trompe pas, le règne de la mode ne détruit pas toutes les grandes légitimités anciennes, il les recycle ou les réaménage.

N.R. : *Les grandes valeurs modernistes (Progrès, Raison, Science...) homogénéisaient le tissu social, fédéraient les acteurs sociaux autour d'un projet commun. Leur désintégration laisse la place au pluralisme, à la religion de la différence.*

G.L. : Les détracteurs de la société postmoderne se trompent en y voyant une machine à uniformiser le monde, à homogénéiser : nos sociétés sont celles de la personnalisation, de l'individualisme, de la fragmentation identitaire. D'un côté des âmes hyper-rationalistes, de l'autre des sensibilités mystico-ésotériques ; ici des adeptes du tout technologique ; là des écologistes. Partout la question des identités rebondit, partout les femmes, les gays, les minorités linguistiques et régionales revendiquent leur spécificité. Pourtant cet émiettement n'est pas total. Il n'est possible que sur fond d'un consensus sur les valeurs démocratiques. Dans le modèle inaugural de la modernité, des blocs s'opposaient sur les fondements : la démocratie et le capitalisme étaient rejetés dans leur essence même par divers courants intellectuels et politiques. Aujourd'hui ces ennemis rédhibitoires de la modernité, il y en a encore, mais beaucoup moins, et ils n'ont plus d'effet d'entraînement.

N.R : *Tout porte à penser qu'on est entré dans une seconde étape de la postmodernité. On a d'abord déconstruit les grandes valeurs de la modernité. Et là, on reconstruit autour de nouvelles valeurs, plus orientées sur l'individu : tolérance, droit à la différence, pluralisme. Il n'y a pas effondrement des valeurs, mais on pourrait plutôt parler d'un transfert de valeurs.*

G.L : La valeur morale des droits de l'homme n'est évidemment pas une invention contemporaine. Mais la sacralité laïque des droits de l'homme à l'âge moderne était attaquée par les marxistes, les courants fascistes… La société postmoderne est celle qui réconcilie la société marchande et démocratique avec ses propres principes. Réconciliation ne veut pas dire fin de toute contestation. Cela signifie fin de la contestation radicale et révolutionnaire. C'est sur des points précis que la critique se cristallise : la peine de mort, le rapport à la drogue, l'écologie, les homosexuels, la réduction du temps de travail…

C'est la fin des contre-modèles radicaux qui animaient la modernité. La société d'aujourd'hui est plus consensuelle sur les règles du jeu. L'ensemble des gens qui constituent le corps social croit en un code minimal. Cela ne signifie pas que les gens sont d'accord sur tout, loin de là. Prenons un exemple qui nous touche de près, les médias. Qui ne critique pas les médias, qui ne critique pas la télévision ? Dans un autre domaine, quel doit être le rapport de la justice au marché, le modèle de développement économique ? Si vous prenez le modèle de développement américain et le modèle français ou allemand, ce n'est pas la même chose. Ce n'est pas une petite affaire. On est tous désormais convertis au libéralisme, mais quel libéralisme ? Et la question de l'écologie, de la laïcité, de la délinquance, du rapport de la ville aux voitures... Vous n'avez plus de question qui ne soit en question. On n'est plus dans le cadre d'une contestation absolue des fondements du système. Il y a un émiettement de la critique, ce qui ne veut pas dire micro-critiques. Les groupes de pression, les syndicats, les partis politiques, les citoyens en général ont des positions divergentes et s'affrontent. L'école, que doit-on en faire ? Toutes ces questions sont ouvertes à des débats de fond. Arrêtons de dire qu'il n'y a plus de critique dans la société. Rien n'est plus faux que la problématique marcusienne de « l'homme unidimensionnel ».

N.R. : *Quelles sont pour vous les grandes valeurs qui se recomposent et autour desquelles il y a consensus ?*

G.L. : Quand on regarde les choses de près, on constate à peu près partout une recomposition des repères. Les droits de l'homme font désormais l'objet d'un consensus très lourd. Qui accepte la condamnation à mort de Salman Rushdie ? Qui accepte l'excision et la vente d'organes ?

On dit qu'il n'y a plus de valeurs, que les gens ne respectent plus rien : c'est complètement faux. S'il existe une dynamique propulsant un individualisme irresponsable, il existe tout autant une dynamique menant à ce que j'appelle un individualisme responsable. Partout il y a l'idée qu'on ne peut pas laisser faire les choses. Regardez la lutte contre la corruption, les biotechnologies qu'on essaye de réglementer, le mouvement contre la dégradation de la planète, le mouvement de l'éthique des affaires et de la moralisation des médias. On assiste à la recomposition d'une éthique minimale centrée sur la liberté de l'individu, le respect de la personne humaine. C'est une figure de l'individualisme responsable. Le sens moral n'est pas mort, il s'investit d'une autre manière, d'une manière qui n'est pas sacrificielle.

La liquéfaction des grandes visions idéologiques ne signifie nullement que nous soyons au degré zéro des valeurs. Ce qui s'est effondré, ce sont les grandes idéologies sacrificielles, les morales héroïques de l'abnégation et du renoncement, qui appelaient les gens à mourir pour la patrie, la révolution… Ces grands mythes n'ont plus de poids. Plus rien ne nous appelle à mourir pour quoi que ce soit.

Mais ça ne veut pas dire la fin de toutes les valeurs. La fin des grandes idéologies politiques, et simultanément l'apparition de nouvelles formes de pauvreté, a redonné une légitimité au référentiel éthique. Ce qui paraissait comme quelque chose de « ringard » a pris, à peu près depuis les années quatre-vingt, une légitimité incontestable.

Je l'explique par la perte de foi en l'État et la politique. Il étaient crédités d'une mission de fond : organiser le progrès vers une humanité meilleure. Quand cette foi-là s'effondre et que simultanément on voit les limites de l'État et de l'action politique, la dimension éthique reprend sens et valeur.

D'autant plus que l'individualisme postmoderne ne se réduit nullement à l'hédonisme pur et simple, au cynisme désenchanté. De fait, on observe une demande de sens, le plaisir de se sentir utile, de faire quelque chose qui a un sens. Le paradoxe de la société postmoderne est que plus l'individualisme croît, plus les mouvements associatifs se multiplient. Parce que les gens ont besoin d'être intégrés dans des réseaux, de se connecter les uns avec les autres et de faire quelque chose dans lequel ils trouvent un sens et une valeur. L'idée apocalyptique selon laquelle régneraient l'égoïsme et le cynisme total est une idée fausse.

N.R : *Le grand changement par rapport à la modernité est la tolérance de toutes les différences. Cela ne signifie pas pour autant société molle, prête à tout accepter sans réagir, sans développer la moindre critique. La modernité ne supportait pas le droit à la différence. On appartenait au système de valeurs moderniste ou l'on en était exclu.*

G.L. : Le modernisme a inventé l'idée de la tolérance. Mais la réalité sociale était très différente. Le XXᵉ siècle a été le siècle de l'intolérance majeure. Les intellectuels qui ne cessent de se lamenter sur le postmodernisme devraient se rappeler que la modernité a produit des choses dont personne ne souhaite le retour : les deux Guerres mondiales, le goulag, le communisme, la Shoah, le colonialisme... ça fait beaucoup.

On doit mettre à l'actif de la culture postmoderne de nous avoir libérés de ces figures d'intolérance extrême. Cela ne veut pas dire qu'il n'y a plus d'intolérance : le Front national, le retour des violences antisémites, les mouvements contre l'immigration, tout cela est indéniable. Mais reste dans des limites incomparables avec ce que l'on a connu dans l'entre-deux guerres. Et surtout j'observe que la quasi totalité de la presse et des leaders politiques sont résolument hostiles aux messages xénophobes.

La postmodernité est plus solide, plus ferme qu'on ne le dit. On la présente souvent comme faible parce qu'elle est émiettée, parce qu'il n'y a plus de grands projets. Je pense qu'on sous-estime la puissance démocratique de la postmodernité qui arrête les débordements de la violence collective et politique.

N.R. : *NIKE qui dit « Just do it », CALVIN KLEIN qui enchaîne « Be yourself »... Comment analysez-vous le discours publicitaire de ces nombreuses marques qui cherchent à se rapprocher des individus en mettant en avant leurs valeurs, leurs façons de voir le monde ?*

G.L. : Ce type de communication fonctionne sur la glorification du « moi-je ». Affirmation de soi, gagner, être différent des autres. Ici, la pub ne fait que traduire la montée des passions néo-narcissiques et le culte de l'authenticité. Ce qui montre que contrairement à ce qu'on dit ici ou là, cette dynamique individualiste est bien un fait majeur.

Simultanément, on a des communications centrées sur les valeurs éthiques : respect de l'environnement, respect du contrat, communication sur la tolérance (BENETTON). Et souvent cette communication n'est pas publicitaire mais passe par la création de fondations d'entraide (SIDA, pauvreté, chômage...). Ces deux types de communication sont différentes, elles sont emblématiques de la complexité postmoderne.

On a été trop vite en caractérisant notre société par le culte de la performance. Aujourd'hui, on est beaucoup plus sur des valeurs du type

écoute de soi-même, plaisir. Pas la performance, mais l'épanouissement. Même le marathonien obéit plus à la volonté d'être soi-même
qu'à la volonté de gagner. La société recompose l'exigence d'accord
avec soi-même, d'authenticité, mais aussi de valeurs de respect, de
reconnaissance des gens.

N.R : *Il semble que l'individualisme a évolué. On ne se projette plus dans
des modèles comme dans les années quatre-vingt. Aujourd'hui, l'individu
se fragmente, il obéit à des logiques différentes en fonction des moments.
Les comportements ne sont plus monolithiques et prévisibles.*

G.L. : Méfions-nous tout de même des périodisations en décennies !
Cette fragmentation était déjà perceptible dès les années quatre-
vingt, voire avant. Au plus profond, l'individualisme correspond au
principe du libre gouvernement de soi-même, de l'autonomie subjective. Il coïncide avec le recul des encadrements sociaux lourds,
avec l'émancipation de l'individu par rapport aux normes, aux institutions, aux appartenances collectives monolithiques.

L'individu postmoderne est inséparable de la logique du self- service,
de l'hyperchoix : il ne se sent plus tenu absolument de faire ceci ou
cela au nom d'un groupe ou d'une idéologie.

Sur le plan de la consommation et des modes de vie, il y a une très
large souveraineté de l'individu et les pressions qui s'exercent sur lui
sont devenues faibles. Il a gagné la capacité d'être le législateur de lui-
même. Les impératifs sociaux et culturels se sont fortement liquéfiés.

L'individualisme postmoderne se branche dans des collectifs, dans
des associations, mais toujours selon le principe de l'autonomie personnelle.

N.R : *Que pensez-vous des thèses du sociologue Michel Maffesoli qui explique qu'une nouvelle logique des tribus se substitue à l'individualisme. Y a-
t-il antinomie entre l'individualisme et la recherche incontestable de plus de
lien social comme il semble l'affirmer ?*

G.L. : On présente l'opposition individualisme moderne/tribalisme postmoderne comme un bouleversement théorique majeur. C'est en réalité une vue pauvre et journalistique de ce qu'est l'individualisme. Celui-ci n'a jamais signifié la fin de toute forme d'appartenance collective mais le principe d'autonomie, y compris dans les appartenances de groupe. Autrefois, par exemple, dans les campagnes on reconduisait les traditions (parce que mon père le faisait, que mon grand père le faisait...). Avec l'individualisme de masse, la dynamique est tout autre. Personne ne vous contraint à adhérer à la tradition, à être ceci ou cela.

L'individualisme conduit certes au « moi-je » mais en même temps au « qui suis-je ? ». L'individualisme pousse à la réappropriation de soi-même, à l'interrogation sur soi-même. Les individus cherchent leurs racines. Que signifie le tribalisme dès lors que l'individu s'affilie à plusieurs tribus ? C'est très exactement la définition même de l'individualisme. Les individus s'intègrent dans des réseaux, mais à des fins individuelles, pour être eux-mêmes. Et quand ils ne s'y retrouvent plus, ils en sortent.

N.R. : *La culture médiatique semble peupler de plus en plus fortement les imaginaires. Y voyez-vous un danger pour la culture classique ?*

G.L : J'ai écrit un livre, *L'Empire de l'éphémère*, qui montrait l'absorption de pans entiers de la société par la dynamique de la mode. Mais en même temps, il faut en marquer les limites. Heureusement la dynamique médiatique n'est pas absolue, comme en témoigne la science, l'école, le culte des commémorations, la culture classique : tout cela ne dépérit pas. Il existe toujours un besoin significatif de culture dans notre société, même s'il est recyclé par la logique de la mode. Cependant, il est difficile de nier le fait que le goût pour la culture désintéressée ou supérieure est de plus en plus concurrencé par la passion des sports, des voyages, des loisirs, mais aussi par le professionnalisme, l'obsession des diplômes et de l'argent. Ce n'est pas seulement la culture médiatique qui est en cause. On a une incuriosité de masse qui se développe, parallèlement à des engouements culturels de masse.

N.R. : *Ce sera par exemple le cas des grandes expositions artistiques parisiennes, qui drainent des millions de gens, alors que les collections permanentes des musées sont relativement ignorées.*

G.L. : Certains disent que cette évolution est lamentable et que la métamorphose du musée en système touristique est un péché contre le sublime. Je ne partage pas cette excommunication. Je ne suis pas sûr que les millions de gens qui se ruent sur ces œuvres d'art ne le font que par snobisme, ou divertissement. Il y a aussi un intérêt plus ou moins authentique. Il y a dans la culture médiatique quelque chose qui pousse à s'intéresser à l'art, alors qu'autrefois le plus grand nombre s'en désintéressait, ou l'ignorait totalement. J'ajoute que les gens n'ont jamais autant écrit. Les éditeurs américains chaque année sont assaillis de millions de manuscrits. Cela relève de l'individualisme postmoderne qui est un individualisme de type expressif. Les gens ont besoin de faire des choses pour eux-mêmes, arriver à se reconnaître, à dire qui ils sont. Il n'y a pas que le sport, le « moi-je » dans les salles de forme et le footing. Non, ils écrivent, ils vont voir des expos. Il y a un vrai goût de cela, même s'il est intermittent et parfois épidermique. La logique de la mode n'est pas diabolique car elle ouvre l'esprit du plus grand nombre, fût-ce de manière superficielle.

On n'a jamais autant écouté de la musique classique. On n'a jamais vu autant d'enfants dans les conservatoires. Dans les années cinquante, qui faisait du piano, qui jouait de la guitare ? Une infime minorité. Regardez aujourd'hui, il n'y a pas que le rock et la techno !

N.R. : *Tout de même, on a le sentiment que la culture devient un objet de consommation comme un autre. Dans le cadre de l'exposition du Grand Palais, je me trouve une passion pour Lorenzo Lotto, que j'aurai oublié dès demain… La culture élitaire n'est-elle pas en train de se faire absorber par la culture médiatique ?*

G.L. : Ce n'est pas aussi simple. Des livres relativement difficiles font des best-sellers. Les disques classiques représentent un énorme marché. Des millions de jeunes vont et iront à l'université. Tout n'est pas joué une fois pour toutes, d'autant plus que notre rapport à la culture va dépendre, à l'avenir, des politiques scolaires et pédagogiques que l'on mettra en œuvre. Plutôt que nous lamenter sur « la barbarie » médiatique, ayons une position volontariste sur l'école. C'est elle qui doit permettre à l'individu de devenir citoyen, elle qui lui permettra de mieux se repérer dans le monde et sa pléthore d'informations. Moyennant quoi, ce qu'il faut critiquer en premier lieu, c'est l'école telle qu'elle fonctionne aujourd'hui, beaucoup plus que les médias. Les médias n'ont pas à se substituer à l'école, mais celle-ci doit permettre aux enfants et plus tard aux adultes d'avoir plus de distance par rapport à la culture médiatique. C'est l'école qui est responsable et non les médias si les individus ne savent pas se repérer dans l'univers de l'abondance informationnelle. C'est elle qui doit donner des systèmes d'interprétation structurée. Enseignants, encore un effort… L'école a intérêt à tirer les profits de la postmodernité : recul de l'autoritarisme, écoute des motivations, du relationnel. Pour autant, elle ne doit pas devenir elle-même une école de séduction qui se plierait aux besoins immédiats des jeunes.

N.R. : *Par définition, le postmodernisme est le brouillage des hiérarchies établies par la culture classique. Cette dernière avait une vocation « impérialiste » et édictait ce qui était digne d'être admis dans la culture « noble » et ce qui était de seconde zone. Aujourd'hui la distinction culture populaire/culture élitaire n'est plus valide, tout est devenu culturel !*

G.L. : La société postmoderne a brouillé les hiérarchies. La mode et la pub entrent au musée. Mais en quoi est-ce indigne ? La peinture avant-gardiste est-elle supérieure à la publicité ? C'est loin d'être toujours le cas. La publicité m'intéresse souvent plus que l'art d'avant-garde. J'y trouve plus de créativité. Cela ne veut pas dire que la pub est supérieure à l'art. Il faut comparer les œuvres et non pas comparer en bloc l'art d'avant-garde à la publicité. Ce qu'il faut comparer, c'est telle pub avec telle œuvre d'art.

Mais de continuer à parler comme s'il y avait une hiérarchie inscrite dans la culture me paraît une idée que la postmodernité a permis de dépasser. Il y a des pubs qui sont nulles, comme des œuvres artistiques contemporaines qui sont à jeter. Je préfère une campagne de pub superbe, pleine d'imagination, à une œuvre qui se prétend d'avant-garde alors qu'elle est sans intérêt. Qu'elle ne semble riche que parce qu'elle s'accompagne de tout un discours ampoulé. Si vous supprimez l'accompagnement rhétorique, il reste quelque chose de vraiment « très minimal ».

Il y a désormais possibilité de tenir un discours valorisant pour des choses qui jusqu'alors ne l'étaient pas : la pub, la B.D., le roman noir...

Personnellement cela ne me choque pas du tout parce que l'important n'est pas de classer des régions de la culture mais d'apprécier ce qui a de la valeur et du sens dans les œuvres. Cessons d'opposer art supérieur et culture populaire, ça n'a pas beaucoup d'intérêt. La seule vraie différence est celle qui existe entre les œuvre inédites et créatives d'un côté et les œuvres plates ou répétitives de l'autre. Or, cette différence existe indépendamment du domaine concerné, qu'il soit médiatique ou pas. La culture médiatique n'a pas à être méprisée sous prétexte qu'elle est commerciale mais l'art n'a pas non plus à être mis sur un piédestal au motif qu'il est libre et sans visée économique directe. L'époque de la hiérarchisation dogmatique des sphères culturelles est derrière nous ; nous sommes dans un temps de brouillage des divisions classiques et de liberté individuelle du jugement. Il ne s'agit pas de dire qu'un spot publicitaire est l'égal d'une fugue de Bach mais que même ce qui obéit à une logique commerciale peut aussi être beau et créatif.

N.R. : *Ces valeurs autour desquelles la société se recompose ont-elles un impact sur les comportements de consommation et la politique des entreprises ?*

G.L. : Il y a de toute évidence de nouvelles tendances dans la consommation, qui sont marquées par le souci des valeurs. Déjà dans les années quatre-vingt, il y a eu le boycott lancé aux États-Unis contre NESTLÉ. Aujourd'hui, on voit un peu partout se multiplier les « produits de sens », les « produits partage » qui permettent d'exprimer des choix de société, des valeurs, une identité. Les produits « bio » et ceux qui respectent l'environnement ont un succès croissant. De nombreux consommateurs (un sur deux d'après une enquête de 1996) déclarent maintenant que la dimension de sens et de valeur des produits les incite à l'achat. Bien sûr, cette consommation citoyenne ne concerne pas tout le monde, mais il est probable qu'elle va se poursuivre en raison des soucis identitaires de l'individu postmoderne. Dans les sociétés où il n'y a plus de grandes idéologies, les individus veulent affirmer leur identité et leurs valeurs au travers de nouveaux vecteurs : la consommation par exemple.

L'impact des valeurs n'est pas moindre sur la politique des entreprises. Nombre de firmes à présent se dotent d'un code de valeurs et d'un responsable éthique ; la grande majorité des cadres des grandes entreprises juge qu'il est normal qu'un code des règles éthiques soit diffusé au sein de l'entreprise. Ce mouvement d'éthique des affaires n'est pas une simple mode. Il répond au besoin des entreprises de recréer un système de légitimité sociale, mis à mal avec la montée de la corruption, du chômage et de la précarisation de l'emploi.

Ce n'est pas tout, la promotion des valeurs dans l'entreprise fonctionne également comme instrument de management de la marque, marketing des valeurs, vecteur de mobilisation interne des salariés. L'éthique des affaires n'est pas un gadget parce qu'elle est, bien que non exclusivement, outil de gestion, investissement stratégique au service de l'image de marque et de la réussite économique sur le moyen et long terme. La crise de légitimité du politique et la montée en puissance tant des médias que de la justice devraient renforcer encore à l'avenir cette problématique éthique dans le monde entrepreneurial. Faut-il s'indigner de l'idée très postmoderne selon laquelle « ethics is good business » ? Je n'ai pas le tempérament d'un rigoriste. Je pense qu'une action est souhaitable, même si elle n'est pas absolument pure moralement (mais que signifie pure ?). L'entreprise n'est pas une organisation philanthropique et n'a pas vocation à réaliser le Bien dans l'absolu. Pourquoi s'offusquer si l'intérêt économique pousse à prendre en considération les valeurs et la solidarité ? On devrait plutôt s'en féliciter. Il y a progrès quand au lieu de dire « pas de sentiments en affaires » on met en avant le respect des valeurs. Fallait-il dénoncer les campagnes publicitaires antiracistes lancées il y a quelques années par les grandes entreprises allemandes ? Bien sûr que non. Même si la démarche est intéressée, elle diffuse la légitimité de l'idée de solidarité, de responsabilité, de tolérance ? C'est tout de même mieux que le « enrichissez-vous », ou le « après moi, le déluge ». Cela ne veut pas pour autant dire renoncement à toute critique du marketing des valeurs. On se doit de révéler par exemple des éventuelles contradictions d'entreprises qui appellent au respect des hommes mais qui ne font rien en pratique pour les plus démunis ou qui, plus grave encore, font le contraire de ce qu'elles déclarent (discrimination, non respect de la vie privée, exploitation du travail des enfants…). Ce n'est pas l'instrumentalisation économique des valeurs qui est indigne, c'est la violation réelle des principes éthiques par ceux-là mêmes qui se disent engagés dans une action citoyenne et morale.

Petit tour d'horizon du postmodernisme

« Postmoderne », un mot bien pratique : il peut s'appliquer à tout, tant ses contours sont mal définis, et il ne manque pas d'en imposer vu son caractère « intello ». Tout le monde en a entendu parler, pourtant qui peut dire vraiment ce que c'est ?

Musique postmoderne, architecture postmoderne, création postmoderne, culture postmoderne... la liste est longue des disciplines qui se revendiquent de la postmodernité. Cet aspect multi-facettes rend le concept difficile à cerner. On peut le croiser dans la bouche d'un journaliste, d'un sociologue ou d'un artiste, avec des connotations différentes. Et la notion est d'autant plus difficile à appréhender qu'il y a autant d'approches du postmodernisme qu'il y a de penseurs postmodernes. Loin d'être unitaire, le courant postmoderniste est composé d'apports personnels, qui ne sont pas forcément complémentaires.

Pourtant, si elle peut véhiculer plusieurs sens, l'idée de postmodernité est tout sauf un concept « gadget » dont l'utilité se limiterait aux cercles intellos parisiens. Partant d'un ancrage philosophique, elle a de nombreuses répercussions sur le champ sociologique et signifie une mutation forte de nos sociétés. Au point que certains n'hésitent pas à affirmer que le postmodernisme « est une notion trop importante pour être laissée aux postmodernistes ».

Pour ceux qui souhaitent bien comprendre la notion de postmodernisme, cette annexe vise à offrir un rappel théorique. Elle n'a pas pour ambition de faire le tour complet de la question, sujet qui pourrait faire l'objet d'un ouvrage à lui seul, mais elle vise à préciser la notion.

On ne peut cerner le postmodernisme sans aborder la notion de modernisme. Nous débuterons donc cette annexe par un aperçu du modernisme, avant d'évoquer le concept philosophique du postmodernisme et ses applications sur les champs sociologiques et artistiques.

Les différentes acceptions du mot postmoderne
(in Stephen Brown, *Postmodern Marketing*).

Discipline académique	Publication	Auteur
Architecture	Postmodernisme	C. Jencks (1987)
Art	Moderne/postmoderne	S. Glusberg (1993)
Ingénierie civile	Ingénierie postmoderne	D. Platten (1986)
Études culturelles	Postmodernisme et culture populaire	A. Mc Robbie (1994)
Éducation	Éducation postmoderne	S. Aronowitz et H. Giroux (1991)
Géographie	Géographies postmodernes	E. Soja (1989)
Droit	Jurisprudence postmoderne	C. Douzinas (1991)
Littérature	Postmodernisme et fiction contemporaine	E. Smyth (1991)

Discipline académique	Publication	Auteur
Management	Culture postmoderne et développements managériaux.	S. Fox et G Moult (1990)
Science politique	Lire la politique postmoderne	G. Shapiro (1992)
Psychologie	Psychologie et postmodernisme	S. Kvale (1992)
Sociologie	Sociologie du postmodernisme	S. Lash (1990)
Études féminines	Féminisme/ Postmodernisme	L. Nicholson (1990)
Zoologie	Zoologie des animaux (post)modernes	B. Verschaffel et M. Verminck (1993).

La modernité triomphante

La postmodernité ne peut se comprendre sans se pencher sur la notion de modernité qui naît au XVIIe siècle avec Descartes et connaît son heure de gloire de la fin du XIXe siècle aux Trente Glorieuses.

La modernité est régie par une idée : c'est l'idée d'émancipation de l'humanité vis-à-vis de l'obscurantisme moyenâgeux, des croyances, de l'inculture, du despotisme…

La modernité s'affranchit par rapport à la pensée antique et moyenâgeuse. Dans l'Antiquité, l'homme en tant qu'individualité n'avait pas de sens. Il n'y avait donc pas de revendication de l'homme pour l'homme, celui-ci étant partie intégrante d'un ensemble plus large, le cosmos.

Dans un premier temps, Descartes pose l'axiome de « l'homme maître et possesseur de la nature ». Cette phrase apparemment simple a une portée univer-selle : la nature n'est plus un environnement hostile et incontrôlable. Elle devient un ensemble de res-sources à exploiter. L'homme peut analyser la nature, en expliquer les mécaniques, et donc la mettre à son service. Par la raison, il peut tout expliquer, il devient donc acteur et constructeur du monde dans lequel il vit.

Descartes marque l'émancipation par rapport à la pensée moyen-âgeuse : l'homme prend le dessus sur son destin et se conçoit enfin en tant qu'unité auto-nome, libre de déterminer la façon dont il souhaite vivre et de bâtir son environnement.

Comprendre la nature, c'est l'œuvre des scientifi-ques. Ainsi, Bacon au XVIIe siècle prouve que tout est démontrable scientifiquement, que tout repose sur la notion d'expérience. Il met ainsi fin à l'idée d'une nature mystérieuse et incontrôlable, dont les princi-pes échappent à l'homme et le dépassent. La science prend le dessus sur la nature et devient la garante d'avenirs radieux. Dans sa *Nouvelle Atlantide*, Bacon explique que la science et la technique allaient assu-rer la prospérité et le bonheur des hommes. L'idée fera son chemin jusqu'au début du XXe siècle et conduira nombre de penseurs à lui vouer une confiance totale pour organiser les sociétés. Marcellin Berthelot (1827-1907), chimiste et homme politi-que, illustrait ce point en déclarant : « La science réclame au-jourd'hui à la fois la direction matérielle, la direction intellectuelle et la direction morale des sociétés. »

La suprématie de la science et de la raison sont mères de l'idée de progrès qui triomphe au XVIIIe siècle. L'humanité semble progresser dans la bonne direc-tion. Elle s'affranchit des vieilles contraintes moye-nâgeuses et s'oriente vers plus de liberté et de bien être.

186

Elle s'appuie pour cela sur un flux continu d'inventions qui vont permettre l'essor de l'industrie (Denis Papin invente la machine à vapeur en 1679) et le développement des échanges commerciaux (les Anglais fixent l'image du monde en découvrant les principes de la longitude à la fin du XVIIIe siècle). L'homme a alors la formidable impression de maîtriser les forces naturelles et de faire progresser le monde dans la bonne direction. Il va développer sa société sur le culte de l'invention, du savant, la religion de la nouveauté.

La dimension scientifique a son parallèle politique. Rousseau affirme dans le *Contrat social* que l'homme peut prendre en main l'organisation de la société dans laquelle il vit et échapper au monarchisme de droit divin, qui était pourtant une règle absolue. Les bases de la démocratie sont posées. L'individu et le peuple deviennent souverains, enfin libérés des multiples soumissions aux anciennes hiérarchies et aux dieux. Dans son introduction au *Discours sur les sciences et les arts,* Rousseau résume admirablement le projet moderne : « C'est un grand et beau spectacle de voir l'homme sortir en quelque manière du néant par ses propres efforts ; dissiper, par les lumières de sa raison, les ténèbres dans lesquelles la nature l'avait enveloppé, s'élever au-dessus de lui-même. »

Au XIXe siècle, le darwinisme prétend que l'homme est issu d'une longue progression, fruit de la sélection naturelle des espèces. Ce qui nous semble aujourd'hui admis déstabilise alors la notion « d'homme en tant que fils de Dieu » qui prévalait. Elle contribue à installer la perception d'un homme autonome, en mesure de construire son destin et le monde dans lequel il évolue.

Malgré leurs divergences de fond, les grandes idéologies du XIXe siècle poursuivent l'idéal forgé lors du Siècle des lumières, celui d'une progression de l'humanité, partie des temps obscurs et se dirigeant vers plus de bonheur, d'égalité, de justice et de liberté.

Le marxisme promet la fin de l'exploitation et de l'aliénation par la socialisation des moyens de production. Le capitalisme laisse apercevoir la fin de la pauvreté par le développement des sciences et des techniques. Le modèle républicain promet la fin de l'ignorance et de la servitude par la connaissance et l'égalitarisme. Le positivisme d'Auguste Comte promet l'accès à une société meilleure par le développement de la science.

Ce sont toutes les valeurs issues de cette évolution qui constituent le modèle moderniste : Liberté, Science, Travail, Effort, Primat de la Raison, Progrès de l'histoire, Empirisme, Universalisme. Elles structurent l'ensemble de la société. Elles fixent un ensemble de distinctions claires entre ce qu'elles englobent et ce qui est en dehors de leur périmètre. Ces distinctions permettent de fixer des repères, de décréter ce qui est bien, c'est-à-dire conforme à ces valeurs, et ce qui est mal, c'est-à-dire divergent. Le bien *vs* le mal, le rôle de l'homme dans la société *vs* celui de la femme, le savoir contre la croyance, l'homme contre l'animal, l'élitisme contre le populaire... les frontières sont claires, les rôles sociaux bien déterminés. Le modernisme, c'est avant tout la hiérarchisation des valeurs.

Le système de valeurs identifié, l'homme en extrait une morale qui lui sert de repères et clarifie la conduite qu'il doit tenir. Celle-ci est notamment véhiculée par le système scolaire, fer de lance de la IIIe République. La préface au *Tour de la France par deux enfants* de G. Bruno, livre qui a instruit des générations d'enfants de la IIIe République, est significative. Ayant pour objectif de les former à la géographie française et de leur enseigner les principes moraux de l'époque, il raconte comment deux enfants orphelins décident de quitter l'Alsace-Lorraine allemande et sont conduits à faire le tour du pays. On y lit : « Ce récit place sous les yeux de l'enfant tous les devoirs en exemples, car les jeunes héros que nous y avons mis en scène ne parcourent pas la France en simples promeneurs désintéressés : ils ont des devoirs sérieux à remplir et des risques à courir. En les suivant le long de leur chemin, les écoliers sont initiés peu à peu à la vie pratique et à l'instruction civique en même temps qu'à la morale... En groupant ainsi toutes les connaissances morales et civiques autour de l'idée de la France, nous avons voulu présenter aux enfants la patrie sous ses traits les plus nobles, et la leur montrer grande par l'honneur, par le travail, par le respect profond du devoir et de la justice. »

Bref l'humanité a un sens et possède les repères déterminant la direction vers laquelle s'orienter. Cette vision dépasse le monde occidental, car elle est supposée universelle. Elle sert donc d'alibi aux conquêtes colonialistes des XIXe et XXe siècles. La science, le progrès ne varient pas selon les lieux et les moments, ce sont des vérités intangibles, qui peuvent s'appliquer à l'humanité entière. Elles ancrent la confiance en l'avenir du modèle moderniste et garantissent sa progression vers des lendemains radieux.

La postmodernité

Les principes théoriques

Dans les années soixante-dix, les post-structuralistes (Jacques Derrida, Michel Foucault, Roland Barthes, Jacques Lacan...) ont commencé à « bousculer » la notion d'autonomie du sujet.

Le langage est au centre de leurs analyses. Ils précisent que contrairement aux idées reçues, le langage ne reflète pas la réalité, il la produit. L'homme tel que présenté par les modernistes était autonome, maître de son destin. Et voilà que sur un sujet tel que le langage, on découvre qu'il n'est pas maître des mots, mais qu'au contraire, ce sont les mots qui façonnent son univers mental. Le primat de l'homme sur le monde qui l'entoure devient contestable.

Les bases qui vont permettre au postmodernisme de s'épanouir sont posées.

En 1979, le philosophe J.-F. Lyotard précise la notion de postmodernité dans son ouvrage *La Condition postmoderne*.

Pour lui, le postmodernisme, c'est la remise en question des « grands récits » qui structuraient la société moderne : Progrès, Liberté, Raison, Science… Lyotard étudie les systèmes de légitimation et observe que ces récits modernes ne sont désormais pas plus légitimes que d'autres valeurs pour orienter la société. En l'absence de facteurs de légitimation, ils sont concurrencés par d'autres valeurs. On arrive à un état « d'incrédulité croissante vis-à-vis des métarécits ».

Le système de valeur moderniste fait place au pluralisme des valeurs, à l'hétérogénéité et la fragmentation qui caractérisent la condition postmoderne. Le principe de Lyotard, c'est le refus d'accepter, comme l'envisageait le modernisme, qu'il n'y a qu'une seule façon de voir le devenir de nos sociétés. L'histoire ne progresse plus vers un objectif idéalisé. La science ne suffit plus à déterminer la vérité.

Bien au contraire la raison moderne n'est pas neutre, « au-dessus des partis ». Elle ne suffit pas à expliquer le réel et à justifier la conquête du pouvoir. De même, la vérité objective fondée sur l'expérience scientifique n'existe pas.

Le sujet est fragmenté : à l'idée d'unité de l'homme décidant en se fiant simplement à sa raison, le philosophe oppose celle de fragmentation. L'homme peut être affecté par d'autres forces que la raison, qui

190

dictent son comportement. En montrant la force de l'inconscient dans les comportements humains, Freud a porté atteinte au sacro-saint dogme de l'unicité du sujet. Lévi-Strauss poursuit le travail en montrant que des intangibles, comme l'inceste, sont présents dans toutes les sociétés, des tribus indiennes d'Amérique du Sud aux sociétés occidentales. Ce n'est plus une spécificité de l'homme moderne ayant exclu l'inceste par le principe de la raison, mais une constante des sociétés humaines. Alors *quid* de l'homme éclairé qui détermine entièrement la société dans laquelle il vit ?

Enfin, les distinctions claires établies par le système de valeurs modernes se perdent. Elles font place à la juxtaposition de ce qui auparavant était opposé.

Les différents penseurs de la postmodernité ne peuvent en aucun cas être mis dans la même perspective. Ce qui rend le phénomène d'autant plus difficile à appréhender. Certains affirment qu'« il y a autant de postmodernismes qu'il y a de postmodernistes ». En effet ceux-ci sont rarement tombés d'accord sur les conclusions de leurs analyses, et les désaccords sont plus nombreux entre eux que les zones de convergence (souvenons-nous des querelles entre Foucault et Baudrillard, accompagnées de celles entre Foucault et Derrida ou Lyotard et Habermas…).

Les applications sociologiques relèvent de la même diversité des points de vue. Certains réfléchissent sur le devenir des sociétés contemporaines. D'autres, comme Jean Baudrillard, analysent particulièrement le phénomène d'hyperréalité, c'est-à-dire l'éloignement croissant entre l'image et la réalité. Gilles Lipovestky se penche sur le développement de l'individualisme. Michel Maffesoli étudie plus particulièrement la fragmentation des sociétés occidentales en multiples tribus et constate au contraire « le déclin de l'individualisme dans les sociétés de masse ».

Les développements sociologiques

Le postmodernisme est une vague qui affecte en profondeur le devenir de nos sociétés. Elle marque l'évolution complexe vers un nouveau type de société et d'individu. Une société où les fondements modernes seraient déconstruits. Un individu à géométrie variable, n'obéissant plus à une logique cohérente et décodable, mais écoutant plutôt les envies du moment, même si elles s'avèrent parfois contradictoires.

Si la postmodernité est un phénomène difficile à saisir, on peut s'accorder sur un certain nombre de faits sociologiques.

Il est généralement admis qu'elle est la conjugaison des dimensions suivantes : fragmentation de la société en multiples entités autonomes, sens de l'éphémère, hétérogénéité, pluralisme, paradoxe, sens du jeu, hyperréalité, séduction, pastiche, différence, retour vers le passé.

Le point d'ancrage est lié à l'absence des repères, le flou des valeurs, la quête de sens.

Tous les vecteurs de sens modernistes s'essoufflent. La religion a considérablement réduit son influence sur les comportements individuels. La morale véhiculée par l'éducation, dans le respect de l'État est devenue floue. Les « affaires » affectant régulièrement nos élus renforcent ce sentiment d'une perte des valeurs morales. Les grandes dimensions structurantes de la société moderne font place à la non-hiérarchisation des valeurs et au pluralisme.

D'où les succès de librairie d'ouvrages sur les valeurs, répondant à la quête de sens des individus. Jostein Gaarder, révélé par *Le monde de Sophie*, met à la portée du commun des mortels les grands principes de l'histoire de la philosophie. Il déclarait justement au journal *L'Express* en juillet 1998 :

Petit tour d'horizon du postmodernisme

> *« Dans cette société postmoderne fragmentée, déconstruite, la philosophie nous aide à garder l'essentiel. »*

Le philosophe André Comte-Sponville a connu un beau succès avec ses ouvrages sur les valeurs. Avec Luc Ferry il a écrit *La Sagesse des modernes* qui, face au déclin des idéologies, cherche à identifier les points clés d'une nouvelle morale. La perte de puissance de la religion catholique implique d'aller chercher ailleurs les fondements d'une éthique individuelle. On se jette donc sur la philosophie orientale : les ouvrages et les films sur le Dalaï Lama se multiplient ; le succès des entretiens de Matthieu Ricard, moine bouddhiste, avec son père Jean-François Revel, témoigne de cet engouement. Même la publicité se met à utiliser l'image du Dalaï Lama pour mettre en avant sa différence (APPLE).

Notre société se cherche parce qu'elle n'a pas encore réussi à identifier de nouveaux repères se substituant aux anciens repères modernistes. En l'attente, chacun peut orienter sa vie dans la direction de son choix, tous les comportements deviennent légitimes, la société se décontracte.

La contrepartie à payer est le développement de l'indifférence. Dans *L'Ère du vide*, Gilles Lipovetsky développe la montée de l'indifférence dans les sociétés contemporaines. Selon lui, en l'absence d'un système de valeurs dominant, tous les goûts, tous les comportements peuvent cohabiter. La société s'oriente vers le pluralisme, vers le règne de l'hyperchoix. Sans cesse soumis à la multiplication des produits, à la prolifération des sources d'information, l'individu est déstabilisé. Trop de choix tue le choix. Face « au champ vertigineux des possibles, au libre-service généralisé », l'individu réduit son champ, et se replie sur sa sphère personnelle. À force de trop fréquenter les médias, les hommes politiques finissent par lasser. Les élections sont progressivement désertées. La contestation s'éteint. Les idéologies sont désaffectées. Les syndicats perdent leurs adhérents. Les Institutions traditionnelles perdent leur emprise.

Pour Gilles Lipovetsky, face à l'absence d'un grand projet fédérateur, comme a pu l'être le projet moderne, on assiste à la montée d'un nouvel individualisme, d'une préoccupation exclusive de son accomplissement. Réussite personnelle, peur du chômage et de l'exclusion, culte du corps, implication croissante dans sa santé qu'on finit par gérer comme une entreprise (succès des magazines du type *Santé Magazine*, rédactionnel croissant consacré à ces thèmes dans les féminins…), le philosophe étudie les signes traduisant le repli personnel. On n'oriente plus sa vie en fonction de la société, ou du besoin de servir, mais selon son intérêt direct.

En l'absence d'un projet cohérent, d'un système de valeurs qui constituait un ciment fédérateur, garantissant son homogénéité, la société se fragmente. De multiples groupes se créent, indépendants les uns des autres, développant leur propre vision du monde, leur propre culture. Le sociologue Michel Maffesoli étudie cet « éparpillement ». L'individu obéit selon lui au principe des « sincérités successives » et métisse son comportement, en fonction des envies, des émotions du moment.

La culture médiatique, qui a toujours eu horreur du vide, s'engouffre dans la brèche et vient se substituer à la culture classique. Mais elle obéit à une logique différente de cette dernière. La culture classique disait le vrai et le faux, le bien et le mal, elle était contraignante, autoritaire. Si cette dictature de la vérité pouvait représenter un frein à la pluralité, privilégiant ce qui allait dans le sens de sa vision du monde, elle fixait des repères clairs. La culture médiatique répond à une logique hédoniste, à un principe de séduction. Elle développe le principe du jeu : jeu fondé sur le partage de références communes. Il faut séduire pour attirer à soi et développer ses parts de marché. On n'impose plus rien, la société se décontracte, tombe dans ce que certains taxent de mollesse généralisée, où tout est permis à partir du moment où cela se transforme en parts de marché. En l'absence de code de conduite, chacun peut orienter sa vie dans la direction où il l'entend, c'est le terreau de la diversité, du pluralisme. Toutes les cultures auparavant méprisées deviennent légitimes et recrutent de nombreux adeptes. Tous les choix sont possibles. La postmodernité ne pose plus de freins.

Enfin l'avenir ne séduit plus. Il inquiète plutôt. La société postmoderne se réfugie donc dans le passé. Il y avait un projet moderne, il n'y a plus de projet postmoderne. Il n'y a plus de confiance dans le futur. On ne croit plus au progrès de l'humanité, à la marche en avant des sociétés vers plus de bonheur et de justice. C'est l'œil dans le rétroviseur que les sociétés cherchent leur chemin.

Les développements artistiques

Nous avons abordé l'architecture qui mélange les styles, les formes et les époques, par rapport à l'avant-gardisme illustré par le style international (cf. chapitre 6).

Tournons-nous vers les autres formes d'expression artistique. L'art postmoderne s'oppose au mouvement artistique moderniste qui s'est épanoui pendant la première moitié du XXe siècle.

Le modernisme artistique s'est caractérisé par la rupture avec les anciens canons établis par l'école classique. Il s'est traduit par la volonté d'innover, de découvrir sans cesse de nouveaux champs, d'aller toujours plus loin dans l'abstraction. Il a abouti au travail d'artistes comme J. Pollock. ou de Kooning's. Il répondait à la volonté de s'échapper du monde réel, de ne subir aucune influence de l'environnement extérieur.

L'art postmoderne illustre le retour vers la figuration, sur des modes distanciés, humoristiques, et souvent parodiques. Face au constat que l'innovation est morte, qu'on ne peut pas aller plus loin dans l'abstraction que l'ont fait les derniers modernistes, les artistes postmodernes revisitent le passé ou empruntent à d'autres champs culturels les sources de leur inspiration. Et souvent d'une manière non élitiste, n'hésitant pas à s'approprier des expressions traditionnellement attribuées à la culture populaire : les canettes de soupe de Warhol, la B.D. de Lichtenstein, les accumulations d'Arman, les drapeaux américains de Jasper Johns...

Warhol précisait que les objets qu'il choisit sont interchangeables et éphémères car destinés à être consommés.

Face au culte de la création et au statut de l'artiste moderne, l'art postmoderne est anti-élitiste et fuit l'institutionnalisation de l'art, les musées, les représentations officielles et académiques. Il lui préfère des modes d'expression comme le *land art* (Goldworthy...) qui travaille directement dans la nature, sur les paysages, l'art de la rue, ou encore les « emballages » de Christo. Ou se tourne vers le kitsch, la revendication du mauvais goût subtilement déclinée au second degré (comme par exemple le photographe des stars, La Chapelle, les artistes Pierre et Gilles ou Jeff Koons).

La littérature abandonne la quête de nouvelles formes d'expression qui avait caractérisé les modernes (Proust, Joyce...) et se tourne souvent vers une réflexion sur le statut de l'auteur. Par exemple, l'intégration de l'auteur lui-même, chez des auteurs comme Calvino (*Si par une nuit d'hiver un voyageur*), Auster ou Rushdie, traduit à sa façon une connivence postmoderne. Plutôt que de délivrer un récit ou le lecteur se projette, la littérature postmoderne rappelle qu'il ne s'agit que d'une fiction ou l'auteur se permet d'intervenir pour jouer avec le lecteur.

Il est intéressant d'observer certaines lignes de cohérence du postmodernisme. Derrière un apparent désordre, une création éclectique, disparate, touchant des domaines variés, des logiques se dessinent.

Celles-ci sont structurées autour d'un pilier : la rupture avec le modernisme et sa religion du progrès, sa volonté de découvrir de nouveaux horizons, d'institutionnaliser un mode de pensée ou de création.

Que ce soit dans le domaine de la peinture, de la littérature ou dans les formes d'expression de la culture de la rue, le postmodernisme est distancié, il multiplie les références à des domaines existants, il n'hésite pas à jouer, à savamment distiller l'ironie. Il s'approprie des expressions culturelles déjà affirmées et les revisite à sa façon. Il reconnaît la culture de masse comme culture à part entière, et non plus seulement l'art de quelques élites.

Les passerelles avec la culture postmoderne sont faciles à identifier, et l'on constate que le mouvement n'est pas si désordonné qu'il y paraît. Décontraction culturelle, absence de hiérarchie, création par emprunts successifs, références au passé… que ce soit dans les domaines artistiques, sociologiques ou publicitaires, le postmoderne a un sens global qui ne manque pas de pertinence pour celui qui souhaite mieux comprendre son époque.

Bibliographie

Jean BAUDRILLARD	*L'Autre par lui-même*, Éditions Galilée
	Les Stratégies fatales, Grasset.
David BROOKS	*Les Bobos.* Éditions Florent Massot
Stephen BROWN	*Postmodern Marketing*, Rootledge
	Postmodern Marketing 2, Thomson
John DOCKER	*Postmodernism and popular culture*, Cambridge University Press
Jean-Marie DRU	*Disruption*, John Wiley & Sons
Umberto ECO	*La guerre du faux*, Grasset
	Le Nom de la rose, Grasset
Jorge GLUSBERG	*Moderno/postmoderno*, Emécé Editores
Marie-France HIRIGOYEN	*Le Harcèlement moral*, Syros
Naomi KLEIN	*No Logo*, Picador USA
Gilles LIPOVETSKY	*L'Ère du vide*, Gallimard
	L'Empire de l'éphémère, Gallimard
	Le Crépuscule du devoir, Gallimard
	La Troisième Femme, Gallimard
Jean-François LYOTARD	*La Condition postmoderne*, Éditions de Minuit
	Le Postmodernisme expliqué aux enfants, Éditions Galilée

Michel MAFFESOLI	*Le Temps des tribus*, LGF *Au creux des apparences*, LGF *Du nomadisme*, LGF
Jean de MAILLARD	*L'Avenir du crime*, Flammarion
Vance PACKARD	*La Persuasion clandestine*, Calmann Levy
Pierre PÉAN et Christophe NICK	*TF1, un pouvoir*, Fayard
Jeremy RIFKYN	*L'Âge de l'accès*, La Découverte
Robert ROCHEFORT	*La Société de consommation*, Odile Jacob *Le Consommateur entrepreneur*, Odile Jacob
Joseph TUROW	*Breaking up America*, The University of Chicago Press *Advertisers and the new media world*, The University of Chicago Press.
Pascale WEIL	*À quoi rêvent les années quatre-vingt-dix*, Le Seuil

Articles

FIRAT and VENKATESH	« Postmodernity : the age of marketing », *International Journal of research in Marketing*
Julien LEVY et Romain LAUFER	« Postmodern marketing as a pleonasm and liberatory marketing as improbable »
Bernard COVA	« Postmodern explained to managers : implications for marketing », *Business Horizons*

Index